本 系 列 教 材 编 写 出 版 得 到

山东大学高质量教材项目

资　　助

中国考古学通论系列教材

主 编：白云翔 方 辉

文物保护科学与实践

李志敏 马清林 徐树强 编著

科 学 出 版 社

北 京

内 容 简 介

本书以可移动文物为主，介绍了文物科学保护研究中涉及的基本概念、理论与方法；论述了如何利用自然科学成就和高新技术认识文物价值，辨明其损害因素和机理，开展预防性保护，实施数字化保护与有效的适用保护技术，使文物延年益寿，从而达到保全其价值的目的。引入不同材质文物保护修复案例，辅之各种行业标准规范解读，详细展示了文物材质鉴别、病害调查与分析、劣化／腐蚀成因剖析、保护修复方案制定与实施的全过程。

本书可作为大学相关专业本科生、研究生培养教材与文博单位相关专业人员参考用书。

图书在版编目（CIP）数据

文物保护科学与实践／李志敏，马清林，徐树强编著. -- 北京：科学出版社，2025. 4. --（中国考古学通论系列教材／白云翔，方辉主编）.
ISBN 978-7-03-081013-7

Ⅰ．G26

中国国家版本馆 CIP 数据核字第 20257ZJ692 号

责任编辑：雷　英　赵　越／责任校对：邹慧卿
责任印制：吴兆东／封面设计：金舵手世纪

科 学 出 版 社 出版
北京东黄城根北街 16 号
邮政编码：100717
http://www.sciencep.com
北京中科印刷有限公司印刷
科学出版社发行　各地新华书店经销
*
2025 年 4 月第 一 版　开本：787×1092　1/16
2025 年 8 月第二次印刷　印张：12 1/2　插页：2
字数：240 000
定价：120.00 元
（如有印装质量问题，我社负责调换）

中国考古学通论系列教材
编写委员会

总　序

　　我国现代考古学已经走过了从艰难曲折到创造辉煌的百年历程，实证了我国百万年人类史、一万多年文化史和五千多年文明史，揭示了源远流长、博大精深的中华古代文明及其对人类文明的贡献，考古事业进入到空前发展、空前繁荣的新时代。在新的百年征程的历史起点上，不断完善中国考古学的学科体系、学术体系和话语体系，加快构建中国考古学自主知识体系，努力建设中国特色、中国风格、中国气派的考古学，成为一个重大的时代命题。

　　我国考古学的大发展和大繁荣，需要一大批新时代的考古学专业人才。因为，世上一切事物中人是最可宝贵的，人才是第一资源，在事业发展中具有基础性和战略性地位和作用。"人才之成始于学"，考古学专业人才的培养始于大学的专业教育，而专业教育离不开专业教材。"立国根本，在乎教育；教育根本，实在教科书"（《中华书局宣言书》，1912 年）。教材在学校教育中具有基础性的地位和作用，教材建设是课程建设的核心和育人育才的重要依托、坚定文化自信的重要基础，这都是不言而喻的。

　　历史地看，新中国成立以后，从考古学专业教育出现——1952 年文化部、中国科学院和北京大学共同举办第一届"全国考古工作人员训练班"（1952～1955 年共举办四届）、北京大学历史系创办我国首个考古专业开始，就重视并着手考古教材或讲义的编写，尽管当时以及后来很长一段时间大多是供内部教学使用的油印本或铅印本。如北京大学历史系印行的 1954～1955 学年度夏鼐等讲授、单庆麟整理的《考古学通论》，是首部中国考古学通论讲义；1955 年 6 月，山东师范学院教务处印行了荆三林编著的《考古学通论》（山东师范学院历史系三年级用）；1958 年北京大学印行了包含旧石器、新石器、商周、战国秦汉、南北朝至宋元考古的《中国考古学》讲义油印本，"被视为中国考古界首创"。1960 年印行的北京大学历史系考古专业中国考古学编写组编著的《中国考古学（初稿）》（共 4 册）征求意见铅印本，是"北京大学历史系考古专业成立以来，第一部经过长时间积累和修改的中国考古学教材——对后来的考古教学产生了深远影响"（《战国秦汉考古·整理说明》第 20 页，上海古籍出版社，2014 年），虽然封面上标注为"（本书仅供提意见之用）"，但为当时各高校考古教学所采用。以此为基础并经过修订，北京大学历史系考古教研室于 1972～1974 年又陆续印行了五卷本的《中国考古学》（"试用教材，请提意见"）铅印本，为当时全国各高校考古专业教学普遍采用。此后，其他高校也陆续自编中国考古学通论讲义。

就正式出版物来说，除了《苏联大百科全书选译·考古学》（人民出版社，1954年），苏联学者 A.B. 阿尔茨霍夫斯基著、楼宇栋等翻译的《考古学通论》（科学出版社，1956年）等译著外，我国学者编写的最早的考古学教材是中国科学院考古研究所作为所内工作人员业务学习材料而编著的《考古学基础》（科学出版社，1958年。以此为基础修订而成的《考古工作手册》，1982年由文物出版社出版），以及供短期训练班教学参考用的《考古教材》（文物出版社，1959年）——实际上都是考古学概论性的教材。北京大学历史系考古教研室商周组编著的《商周考古》（文物出版社，1979年），虽然是"考古专业教学参考书"，但实际上是第一部中国考古学断代考古的教材。20世纪80年代，易漫白著《考古学概论》（湖南教育出版社，1985年），蔡凤书、宋百川主编的《考古学通论》（山东大学出版社，1988年），孙英民、李友谋主编的《中国考古学通论》（河南大学出版社，1990年）等先后出版。文化部文物局组织、安金槐主编的《中国考古》（上海古籍出版社，1992年），作为"各地文物博物馆干部培训教学使用，也可作为大专院校文博专业学生的参考书"的系列教材之一，是当时影响最大的中国考古学通论教材。20世纪90年代以后，考古学教材的数量逐渐增多，尤其是近十多年来更是出现了内容广泛、类型多样的态势——既有考古学概论、通论性教材，也有断代考古、专题考古、科技考古以及区域考古等教材，在我国考古学专业人才的培养教育中发挥了重要作用。但总体上看，现有的考古学教材还不适应或不能完全适应新时代考古学专业人才培养的需要——"目前近70家高校开设考古文博相关专业"（《中国文物报》2024年9月27日第6版）。在我国考古学大发展、大繁荣的新时代，考古学专业人才的培养呼唤更多、更好、更新、更系统的考古学专业教材，尤其是考古学专业教育的基础性教科书。"中国考古学通论"是我国考古学专业本科生最基本的主干课程，也是文物与博物馆专业本科生的主干课程之一，因此，编写出版一套以断代考古为主、专题研究为辅的中国考古学通论系列教材已经是势在必行。

正是基于上述认识，我们组织编写了本"中国考古学通论系列教材"。本系列教材由13册构成，其中，断代考古8册，从旧石器时代考古到宋元明清考古；科技考古3册，即《人类骨骼考古》《动物考古》《植物考古》；文物保护和文化遗产2册，即《文物保护科学与实践》和《文化遗产概论》。之所以作如此构成，主要基于本系列教材的定位、我国考古学的总体态势以及考古学教材现状等的综合考量。

本系列教材定位于考古学专业本科生、文物与博物馆专业本科生必修课"中国考古学"的教材，跨专业考入的考古学硕士研究生、文物与博物馆专业硕士研究生补修"中国考古学"的教材，以及在职文物考古业务人员培训提高业务水平的参考书。就中国考古学通论而言，从旧石器时代到宋元明清时期各个时段的断代考古，作为中国考古学的主体，无疑是最基本的内容，所以，本系列教材设有8册，实现从旧石器时代考古到明清考古的全覆盖。现代考古学的突出特征之一是文理交叉、文理融合，而以现代科学技术应用为基本内涵的"科技考古"的广泛开展和不断深入，是现代考古学发展的总体趋势之一。科技考古领域众多，并且新的研究领域或分支学科日益增多，难以在一套通论性教材中全部囊括，本系列教材仅选择在我国研究历史长、普及程度高的人类骨骼考古、动物考古和植物考古各编写1册。考古发掘和研究离不开文物，文物保护在考古发掘和研究中具有举足轻重的地位；考古学的对象和资源主要是地下历史遗迹和遗物等文化遗存，而这些地下文化遗存又是整个文化遗产的重要组成部分，对其保护和利用是考古学的题中应有之义。有鉴于此，本系列教材设有《文物保护科学与实践》和《文化遗产概论》各1册。这样的设计，也充分体现了我国新文科建设理念。

这里需要说明的是：就考古学通论系列教材来说，本应设有"概论"一册，但鉴于已有作为"马克思主义理论研究和建设工程重点教材"的《考古学概论》（高等教育出版社，2015年第1版、2018年第2版）等多种概论性教材，故本系列不再"重起炉灶"编写；田野考古作为现代考古学最基本的特征，是其四大支柱——断代考古、专题考古、科技考古和区域考古的基础，但鉴于2022年北京大学出版社和吉林大学出版社已先后出版2个版本的《田野考古学》（吉林大学版是第5版），故本系列不再重新编写；（传统的）专题考古门类众多，（综合性）区域考古分区多样，暂不纳入本系列教材之中；文物尤其是历史文物、博物馆尤其是历史类博物馆与考古学密切相关，况且考古学一级学科之下设有博物馆学二级学科，而且有文物与博物馆本科专业，但鉴于已有作为"马克思主义理论研究和建设工程重点教材"的《文物学概论》和《博物馆学概论》，故未将有关文物和博物馆的教材纳入本系列之中。

作为教材来说，它不仅是培养人才的重要手段、传播知识的主要载体、学校教学的基本依据和关键支撑，而且是立德树人的关键要素之一。基于本系列教材是"基础性"教材的定位，而考古学又是理论性和实践性俱强、世界性和民族性兼具、多学科交叉融合性突出的人文学科，本系列教材编写的指导思想、总体思路和具体做法如下：

——坚持以辩证唯物主义和历史唯物主义为指导，始终把正确的政治方向、学术导向和科学精神贯穿于本系列教材之中，以培养新时代考古专业人才为宗旨；

——坚持以百年来我国考古学发展及其成就的总结和展示为主线，从中国古代社会历史的实际出发，紧紧围绕百万年人类史、一万多年的文化史、五千多年的文明史、两千多年统一多民族国家史和博大精深的中华古代文明及其对人类文明的贡献进行考古学书写；

——注重基础性，即注重基本原理、基本方法、基本概念、基本知识、基本材料、基本认识的简明准确的叙述，以及学科发展史的简明梳理；

——注重系统性，即充分吸收和借鉴前人研究成果和教材编写经验，注重体系的构建，各册尝试建立各自的学科框架体系和知识体系，简明准确地叙述各自的学科性质、主要特点、基本任务及其成就；

——注重前沿性，即注重新理论、新方法、新实践、新发现、新认识和新进展的叙述，以及面临问题和发展趋势的思考；

——注重规范性，即注重概念和术语的专业性和科学严谨，数据、年代等的翔实准确，文字表述、图表等清晰明了，引文、注释等符合学术规范；

——突出教材属性，强调突出重点与兼顾一般相结合、重点详述与总体概述相结合、点与面有机结合、理论阐述与案例分析相结合、作者学术观点的系统论述与不同学术观点的介绍相结合，强调重"述"轻"论"适当"评"；

——突出中国特色，强调立足中国，放眼世界，既关注外国考古学理论和方法在中国的传播和应用，更关注中国考古学人在考古学理论和方法上的探索、实践和创新，基于现代考古学的中国实践及其成就，用中国学人的历史观、价值观和话语系统进行中国考古学的叙事，探索和尝试构建体现新文科背景下我国自主知识体系的中国考古学教材体系。

金秋十月，正是收获的季节。在山东大学和考古学院（文化遗产研究院）的大力支持下，经过大家的共同努力，这套"中国考古学通论系列教材"即将付梓出版了。这套系列教材是各位编写者及相关人员同心协力，历时 2 年多倾力打造的，是团队共同努力的结果。2022 年上半年进行调研，包括召开本科生、研究生和教师座谈会，在此基础上经过反复沟通和协调，确定了本系列教材的分册构成及编写者，并于 2022 年 9 月 30 日正式启动。2022 年 10 月 15 日起，各册编写提纲陆续提交，由主编审阅并提出意见和建议后返回编写者修改完善，随后进入编写阶段。2023 年 11 月起，各册初稿陆续提交，由主编和校内外专家同时审稿，然后将审稿意见返回编写者修改完善。2024 年 5 月，同科学出版社正式签署出版协议。2024 年 6 月 21 日起，修改后的定稿陆续正式交稿给科学出版社，由出版社组建的统一管理、分工负责的编辑团队负责编辑出版。这套系列教材陆续跟读者见面，已经是指日可待了。

这里还要说的是，这套系列教材编写的指导思想和目标是明确的，编写的要求是总体一致而各册突出其特色——或是侧重于考古发现和研究成果的系统梳理，或是侧重于结合案例分析对理论和方法及其应用的介绍——因各册的内容不同而有异，编写者们也尽心竭力了——尽管如此，我们毕竟缺乏组织编写系列教材的经验，不足之处在所难免，盼望学界同仁和读者朋友不吝赐教，以便今后不断修订完善。

这套系列教材的编写出版，如果对我国考古学专业人才的培养和在职业务人员能力的提高，对我国考古事业的繁荣和发展，对我国现代考古学学科体系、学术体系、话语体系和自主知识体系的构建和完善，对中国特色、中国风格、中国气派考古学的建设，对中国考古学走向世界，对增强、彰显和弘扬文化自信等能有所助益，则幸莫大焉。

白云翔　方　辉

2024 年 10 月

目　　录

第一章 绪 论

第一节 文物保护科学与技术概要

文物保护法是中华人民共和国成立后文化领域的第一部法律，是文物领域基础性、综合性、系统性、统领性法律。自 1982 年颁布实施以来，历经 1 次修订和 5 次修正，确立了文物保护基本法律制度，对明确文物管理体制、保障文物安全、促进文物合理利用发挥了重要作用。随着中国特色社会主义进入新时代，文物工作面临新形势新任务新期待，文物领域也出现一些新情况新问题新挑战，为适应新时代文物事业高质量发展需要，文物保护法进行了第二次修订。2024 年 11 月 8 日，国家主席习近平签署第三十五号主席令，公布修订后的文物保护法，自 2025 年 3 月 1 日起施行，标志着我国文物事业进入依法治理的新阶段。[①]《中华人民共和国文物保护法》（2024 年 11 月 8 日第十四届全国人民代表大会常务委员会第十二次会议第二次修订）规定文物具有历史、艺术、科学价值。第十五条：国家支持和规范文物价值挖掘阐释，促进中华文明起源与发展研究，传承中华优秀传统文化，弘扬革命文化，发展社会主义先进文化，铸牢中华民族共同体意识，提升中华文化影响力。第十六条：国家加强文物保护的宣传教育，创新传播方式，增强全民文物保护的意识，营造自觉传承中华民族优秀历史文化遗产的社会氛围。新闻媒体应当开展文物保护法律法规和文物保护知识的宣传报道，并依法对危害文物安全、破坏文物的行为进行舆论监督。博物馆、纪念馆、文物保管所、考古遗址公园等有关单位应当结合参观游览内容有针对性地开展文物保护宣传教育活动。第十七条：国家鼓励开展文物保护的科学研究，推广先进适用的文物保护技术，提高文物保护的科学技术水平。国家加强文物保护信息化建设，鼓励开展文物保护数字化工作，推进文物资源数字化采集和展示利用。国家加大考古、修缮、修复等文物保护专业人才培养力度，健全人才培养、使用、评价和激励机制。《中国文物古迹保护准则》（以下简称《中国准则》[②]第 5 条：研究应当贯穿在保护工作全过程中，所有保护程序都要以研究的成果为依据。

文物研究过程既是对其三大价值的发掘和认识过程，也是对其保存状况科学评估

---

① 国家文物局：《全面贯彻落实新修订的文物保护法 推进文物事业进入依法治理新阶段》，《民主与法制》周刊 2024 年第 46 期。文中"历经 1 次修订"指的是 2002 年 10 月 28 日第九届全国人民代表大会常务委员会第三十次会议修订。

② 国际古迹遗址理事会中国国家委员会制定，中华人民共和国国家文物局推荐：《中国文物古迹保护准则》，2015 年。

的过程，是提高文物价值和提出保护技术措施的前提。通常情况下，文物的艺术价值比较直观，而文物的历史价值和科学价值需要通过较多科学研究来确定，所以在《中国准则》第 3 条中细化了文物价值的诸多方面并有详细阐释。

文物保护科技人员大多为理工科教育背景从业者，在文物科学价值发掘方面有其便利性，如果能加强人文科学修养，对于揭示文物历史和科学价值将大有裨益。因为文物作为一定历史时期产物，承载了当时的历史信息。而人文科学教育背景的从业者，如考古专业的研究人员在掌握与运用自然科学与技术支撑下，则会在文物科技考古与文物信息最大发掘中收益更大。

实际上，文物作为一定时间与空间坐标的信息载体，隐含着大量的时空或古代信息，其研究保护已成为许多交叉学科的发力点，激发多学科合作与共同研究，去阐释与讲好文物背后的故事。单从文物保护工作者的职业角度出发，如果认识到文物所具有的重要历史价值，又会增强文物保护的责任感和使命感。

概而言之，科学研究成果可揭示和充实文物价值内涵，提高政府和民众对古代历史真实性和重要性的认识，同时，通过研究和保护实践不断增强文物保护科技工作者的职业素养，可更好地改善馆藏文物保存状况，使其延年益寿，传之久远。

第二节　文物保护科学与技术

一、专业学位教育

2010 年，国家批准设立文物与博物馆专业学位，2011 年 1 月，国务院学位委员会又批准成立了全国文物与博物馆专业学位研究生教育指导委员会，2011 年 3 月 19 日，该指导委员会在北京举行成立会议，这标志着文物与博物馆专业学位建设的起步。在培养目标上，专业学位教育的根本任务是培养面向实践领域的高层次应用型人才。不同于学术学位教育主要关注"是什么"和"为什么"的问题（科学问题），专业学位教育主要关注"做什么"和"怎么做"的问题（实践问题），更强调应用和实践教育，也更偏重程序性知识，因此在培养方式上围绕专业实践所需知识体系来组织课程，教学活动以有关职业实践为取向。

2020 年 11 月 21 日至 23 日，全国文物与博物馆专业学位研究生教育指导委员会（简称文博专硕教指委）工作交流暨培养单位教学研讨会在山东青岛（山东大学）召开，研讨会上文博专硕核心课程大纲编写团队主要成员介绍了核心课程的编写思路、主要框架、核心观点、课程设计、课程目标以及授课方式等内容。

2023 年 12 月 1 日至 3 日，全国文物与博物馆专业学位研究生教育指导委员会年会在成都（四川大学）召开，主题为"新变化，新进展：文物与博物馆专业分立后的建设与发展"。

《馆藏文物保护科学与实践》在 2018 年就依照《文物与博物馆学研究生核心课程指南》编写了提纲，并经过指导委员会讨论和确认，目标就是围绕"案例写作与使用"主题，为培养单位做好专业学位质量评估工作提供指导。

文物保护科学与实践，就其句意释读，即含有文物保护、文物科学保护、文物保护科学及其实践。文物的重要性自不待言，本处不再赘述。在《现代汉语词典》中保护解释为：尽力照顾，使不受损害。在《保护和博物馆学巴特沃斯系列丛书》（*Butterworths-Heinemann Series in Conservation and Museology*）的序言中，保护一词是指对可移动和不可移动珍贵遗物的总体保护和处理。但在大学学科中，保护一词与修复含义不同，从此特定角度来说，保护有两方面含义：首先，监控环境以便将遗物和材料的腐朽程度降到最低；其次，通过处理阻止腐朽，在可能产生进一步朽变的部位处理以确保其稳定状态。当保护处理显得不足时，可采取修复措施，使文物恢复原状，达到展出要求。因此，相对于保护而言，修复是对文物宏观结构稳定性和整体平衡性的处理技术或措施。

由于受热力学第二定律和其他规律影响，文物自其初作之后（除高纯度黄金制品），即与环境发生相互作用，产生严重或轻微劣化。可以说留存至今的文物也只是当时的几分之一或千分之一（视材质成分与保存环境）。它既留存了当时初造时的历史、技术与社会信息，也留存了与环境作用的痕迹。因此对其采取有效保护，当为文物工作第一要务，这也是"坚持保护第一、加强管理、挖掘价值、有效利用、让文物活起来"新时代文物工作总要求所阐释的要义。因此本教材在文物与博物馆专业的本科以及研究生课程体系中当占有突出之地位。在科学和技术发展的现阶段，如何利用自然科学成就和高技术认识文物价值、辨明其损害因素和机理、采取有效的适用保护技术，使文物延年益寿，从而达到保全其价值之目的，是此类专业教育的基本目标。

二、文物科技保护

有效掌握本书中文物科技分析的各种仪器设备，了解不同材质文物材料性质与常见病害，理解文物病害产生的内因和外部环境因素，明白各种病害的有效防治与减缓技术等主要内容后，可基本实现以下三个的目标，它们之间是相互关联的。

（1）文物科技考古：将文物材质组成、制造工艺与考古学家或与考古学问题相关联，可阐释文物的历史价值，即开展技术史或科技考古学研究，是为科技考古或科学史研究。

（2）文物保护科技：将文物材质组成和现存状态描述与理解文物劣化及环境（大气环境、土壤环境、海洋环境等）之间的作用关联，知道一般应采取何种保护技术阻止文物的继续损害（预防性保护、文物保护与修复技术实施），是为文物保护科技。

（3）文物保护实践：了解与理解某一类材质文物现状、病害与防治技术，熟悉编制文物保护技术方案要点和流程等，并能熟练利用所学理论指导具体的文物保护与修复，是为文物保护实践。

同时，在本书内容之外，辅之以全国文物保护标准化技术委员会发布的与教材内容紧密相关的各种标准规范解读。

概而言之，文物保护科学与实践应该涵盖文物价值认知、价值保全与价值利用。就本书而言，以馆藏文物为主或以可移动文物为主，主要是在环境监控条件下开展文物科技保护。

第三节　馆藏文物保护原则

在《保护和博物馆学巴特沃斯系列丛书》[①]总序中将保护一词定义为：保护是对可移动与不可移动有价值人工制品保存和处理的整体学科。保护和修复有着显著区别，保护有两方面含义：首先，监控环境以便将遗物和材料的腐朽程度降到最低；其次，通过处理阻止腐朽，对可能产生进一步朽变部位处理以确保其稳定状态。当保护处理显得不足时，可采取修复措施，使文物恢复原状，不留明显修复痕迹，达到可展出状态。在总序中还陈述了几条重要原则：例如所有处理过程都应完全予以记录，应当避免更改原有结构和装饰等。

中国近代文物保护观念和方法开始于 20 世纪 30 年代。中华人民共和国成立以后，在有效保护了一大批濒于毁坏古迹同时，形成了符合中国国情的保护理论和指导原则，并由国家颁布了《中华人民共和国文物保护法》和相关法规。在此基础上，参照以 1964 年《国际古迹保护与修复宪章》(《威尼斯宪章》) 为代表的国际原则，2000 年，由中国国家文物局推荐，国际古迹遗址理事会中国国家委员会（中国古迹遗址保护协会）与美国盖蒂保护所、澳大利亚遗产委员会合作编制《中国文物古迹保护准则》，于 2002 年印发颁行；2010 年，经中国国家文物局批准，中国古迹遗址保护协会开始了《中国准则》的修订工作，于 2015 年新版《中国准则》印发颁行 [②]。《中国准则》是在中国文物保护法规体系框架下，对文物古迹保护工作指导的行业规则和评价工作成果的主要标准，也是对保护法规相关条款的专业性阐释，同时可以作为处理有关文物古迹事务的专业依据。

虽然《中国准则》以不可移动实物遗存为主要阐释对象，其中的很多条款可直接作为馆藏文物保护原则，例如大家常常提及的保持原真性原则、最小干预原则、可再处理与可识别原则等，在"关于《中国文物古迹保护准则》若干重要问题的阐述"中均有准确表述。

---

① 〔英〕加瑞·汤姆森著，国家文物局博物馆司、甘肃省文物局译：《博物馆环境》，科学出版社，2007 年。
② 国际古迹遗址理事会中国国家委员会制定，中华人民共和国国家文物局推荐：《中国文物古迹保护准则》，2015 年。

鉴于目前在馆藏文物保护方案编制和保护技术实施中引用或使用原则的不确切性，本部分特从《中国准则》中摘录部分适合于馆藏文物保护的条款，并且强烈建议应该将其贯穿于大多数材质馆藏文物保护工作全过程：

有效保护（《中国准则》第 2 条）：准则的宗旨是对文物古迹实施有效保护。保护是指为保存文物古迹及其环境和其他相关要素进行的全部活动。保护的目的是通过技术和管理措施真实、完整地保存其历史信息及其价值。阐释：保护文物古迹的目的在于保存人类历史发展的实物见证，保存人类创造性活动和文化成就的遗迹，继承和弘扬优秀文化。有效保护是指为消除或抑制各种危害文物古迹本体及其环境安全的因素所采取的技术和管理措施。文物古迹的环境既包括体现文物古迹价值的自然环境，也包括相关的人文环境。相关要素包括附属文物、非物质文化遗产，工业科技遗产的设备、仪器等。

文物的价值（《中国准则》第 3 条）：文物古迹的价值包括历史价值、艺术价值、科学价值以及社会价值和文化价值。社会价值包含了记忆、情感、教育等内容，文化价值包含了文化多样性、文化传统的延续及非物质文化遗产要素等相关内容。文化景观、文化线路、遗产运河等文物古迹还可能涉及相关自然要素的价值。阐释：历史价值是指文物古迹作为历史见证的价值；艺术价值是指文物古迹作为人类艺术创作、审美趣味、特定时代的典型风格的实物见证的价值；科学价值是指文物古迹作为人类的创造性和科学技术成果本身或创造过程的实物见证的价值；社会价值是指文物古迹在知识的记录和传播、文化精神的传承、社会凝聚力的产生等方面所具有的社会效益和价值。文化价值则主要指以下三个方面的价值：① 文物古迹因其体现民族文化、地区文化、宗教文化的多样性特征所具有的价值；② 文物古迹的自然、景观、环境等要素因被赋予了文化内涵所具有的价值；③ 与文物古迹相关的非物质文化遗产所具有的价值。

加强科学研究（《中国准则》第 5 条）：研究应贯穿保护工作全过程，所有保护程序都要以研究成果为依据。研究成果应当通过有效的途径公布或出版，促进文物古迹保护研究，促进公众对文物古迹价值的认识。阐释：文物古迹保护是一项科学工作，必须建立在研究基础上。研究包括对文物古迹本体、相关保护技术、保护工艺的。公布或出版研究成果是文物古迹保护技术和道德的要求，是保护工作的重要步骤。研究成果的公布或出版能够使其在更大的范围得到评估，也为其他文物古迹保护提供借鉴和参考。公众可以通过这些成果认识、参与文物古迹的保护，促进文物古迹保护事业的发展。

不改变原状（《中国准则》第 9 条）：是文物古迹保护的要义。它意味着真实、完整地保护文物古迹在历史过程中形成的价值及体现这种价值的状态，有效地保护文物古迹的历史、文化环境，并通过保护延续相关的文化传统。阐释：文物古迹的原状是其价值的载体，不改变文物古迹的原状就是对文物古迹价值的保护，是文物古迹保护的基础，也是其他相关原则的基础。文物古迹的原状主要有以下几种状态：① 实施保护之前的状态；② 历史上经过修缮、改建、重建后留存的有价值的状态，以及能够体现重要历史因素的残毁状态；③ 局部坍塌、掩埋、变形、错置、支撑，但仍保留原构件和原有结构形制，经过修整后恢复的状态；④ 文物古迹价值中所包含的原有环境状态。情况复杂的状态，应经过科学鉴别，确定原状的内容。由于长期无人管理而出现的污渍秽迹，荒芜堆积，不属于文物古迹原状。历史上多次进行干预后保留至今的各种状态，应详细鉴别论证，确定各个部位和各个构件价值，以确定原状应包含的全部内容。一处文物古迹中保存有若干时期不同的构件和手法时，经过价值论证，可以根据不同的价值采取不同的措施，使有保存价值的部分都得到保护。不改变文物原状的原则可以包括保存现状和恢复原状两方面内容。必须保存现状的对象有：① 古遗址，特别是尚留有较多人类活动遗迹的地面遗存；② 文物古迹群体的布局；③ 文物古迹群中不同时期有价值的各个单体；④ 文物古迹中不同时期有价值的各种构件和工艺手法；⑤ 独立的和附属于建筑的艺术品的现存状态；⑥ 经过重大自然灾害后遗留下有研究价值的残损状态；⑦ 在重大历史事件中被损坏后有纪念价值的残损状态；⑧ 没有重大变化的历史环境。可以恢复原状的对象有：① 坍塌、掩埋、污损、荒芜以前的状态；② 变形、错置、支撑以前的状态；③ 有实物遗存足以证明原状的少量的缺失部分；④ 虽无实物遗存，但经过科学考证和同期同类实物比较，可以确认原状的少量缺失的和改变过的构件；⑤ 经鉴别论证，去除后代修缮中无保留价值的部分，恢复到一定历史时期的状态；⑥ 能够体现文物古迹价值的历史环境。

最小干预或最低限度干预、预防性保护（《中国准则》第 12 条）：应当把干预限制在保证文物古迹安全的程度上。为减少对文物古迹的干预，应对文物古迹采取预防性保护。阐释：对文物古迹的保护是对其生命过程的干预和存在状况的改变。采用的保护措施，应以延续现状，缓解损伤为主要目标。这种干预应当限制在保证文物古迹安全的限度上，必须避免过度干预造成对文物古迹价值和历史、文化信息的改变。作为历史、文化遗存，文物古迹需要不断地保养、保护。任何保护措施都应为以后的保养、保护留有余地。凡是近期没有重大危险的部分，除日常保养以外不应进行更多的干预。必须干预时，附加的手段应只用在最必要部分。预防性保护是指通过防护和加固的技术措施和相应的管理措施以减少灾害发生的可能、减少灾害对文物古迹造成损害，以及降低灾后需要采取的修复措施的强度。

使用恰当的保护技术、可再处理与可识别（《中国准则》第 14 条）：使用恰当的保护技术：应当使用经检验有利于文物古迹长期保存的成熟技术，文物古迹原有的技术和材料应当保护。对原有科学的、利于文物古迹长期保存的传统工艺应当传承。所有新材料和工艺都必须经过前期试验，证明切实有效，对文物古迹长期保存无害、无碍，方可使用。所有保护措施不得妨碍再次对文物古迹进行保护，在可能的情况下应当是可逆的。阐释：恰当的保护技术指对文物古迹无害，同时能有效解决文物古迹面临的问题，消除潜在威胁，改善文物古迹保存条件的技术。对文物古迹的保护包括技术性维修和管理两个方面。文物古迹作为历史遗存，是采用相应时代的、符合当时需要的技术建造和修缮的。当这些技术仍然存在，甚至成为文物古迹价值的重要载体时，这些技术应当得到保护和传承。科技的发展不断为文物古迹的保护提供新的可能性。由于文物古迹的不可再生性，新技术必须经过前期试验，包括一定周期的现场试验，证明其对文物古迹无害，确实能够解决所需解决的问题，才能使用。增补和加固的部分应当可以识别，并记入档案。运用于文物古迹的保护技术措施应不妨碍以后进一步的保护，应尽可能采用具有可逆性的保护措施，以便有更好的技术措施时，可以撤销以前的技术措施而不对文物古迹本体及其价值造成损失。

加强保养维护及监测（《中国准则》第 25 条）：是文物古迹保护的基础。保养维护能及时消除影响文物古迹安全的隐患，并保证文物古迹的整洁。应制定并落实文物古迹保养制度。监测是认识文物古迹褪变过程及时发现文物古迹安全隐患的基本方法。对于无法通过保养维护消除的隐患，应实行连续监测，记录、整理、分析监测数据，作为采取进一步保护措施的依据。保养维护和监测经费由文物古迹管理部门列入年度工作计划和经费预算。阐释：监测包括人员的定期巡视、观察和仪器记录等多种方式。监测检查记录包括：① 对可能发生变形、开裂、位移和损坏部位的仪器监测记录和日常的观察记录；② 对消防、避雷、防洪、固坡等安全设施的定期检测的记录；③ 旅游活动和其他社会因素对文物古迹及环境影响的记录；④ 有关的环境质量监测记录。保养维护是根据监测及时或定期消除可能引发文物古迹破坏隐患的措施。及时修补破损的瓦面，清除影响文物古迹安全的杂草植物，保证排水、消防系统的有效性，维护文物古迹及其环境的整洁等，均属于保养维护的内容。作为日常工作，保养维护通常不需要委托专业机构编制专项设计，但应制定保养维护规程。说明保养维护的基本操作内容和要求，以免不当操作造成对文物古迹的损害。文物古迹管理者在编列经费预算时应考虑保养维护和监测工作的需要，将所需经费列入预算。文物古迹所在地方政府、文物行政主管部门应给予相应的支持。

考古遗址保护（《中国准则》第 35 条）：考古发掘应优先考虑面临发展规划、土地用途改变、自然退化威胁的遗址和墓葬。有计划或抢救性考古发掘，包括因国家重大工程建设进行的考古发掘，都应制定发掘中和发掘后的保护预案，在发掘现场对遗址和文物提取做初步的保护，避免或减轻由于环境变化对遗址和文物造成的损害。

第四节　馆藏文物预防性保护与保护程序

一、馆藏文物预防性保护

1930 年在意大利罗马召开的关于艺术品保护国际研讨会具有里程碑意义，第一次提出预防性保护概念，即对博物馆藏品保存环境实施有效监控，这次会议肯定了实验室研究文物的意义，在国际范围内达成了文物科学保护共识。20世纪50年代后期，联合国教科文组织（UNESCO）与国际历史与艺术品保护研究所（IIC）、国际文化遗产保护与修复研究中心（ICCROM）、国际博物馆协会（ICOM）、国际古迹遗址理事会（ICOMOS），组织资助一批富有经验的资深保护学家与博物馆学家，编写了一批具适用性的指导丛书，这批丛书具有严格的科学性、严密的理论性和系统性、方便的实践操作性。其中《博物馆环境》（*The Museum Environment*）和《博物馆藏品保护与展览》（*Conservation and Exhibitions*）[①]，已由国家文物局博物馆司和甘肃省文物局组织翻译出版。在这两本书中，著者们从保护技术原则与博物馆环境考量方面提出了博物馆藏品预防性保护的可行途径，细致论述了博物馆藏品的环境影响因素如温度、相对湿度、光照度、空气质量和降尘等的危害、量测以及有效控制，同时考虑了博物馆展览、搬运、国际借展和库房保管等活动的预防性保护措施，将预防性保护置于博物馆藏品日常维护和保护的最重要活动。

2004年，在国家文物局博物馆司组织编制的《博物馆藏品保存环境试行规范》（征求意见稿）中定义了藏品保存环境：藏品保存场所应该具备的适合藏品长久、稳定保存并能有效控制延缓其自然损毁，防止人为破坏的环境条件。包括：藏品保存场所的自然条件、安全技术防范条件、消防条件和环境监控。提出了博物馆藏品保存环境温度和相对湿度标准、环境空气质量标准、保存环境光照水平标准等。

从2004年至今，随着我国博物馆藏品预防性实践如火如荼展开，博物馆藏品预防性保护已向更加精细化的低碳环境控制方案实施和绿色博物馆建设方向迈进。

二、馆藏文物保护程序

依据《中国文物古迹保护准则》可适用条款，馆藏文物保护一般程序或技术路线为：

（1）文物保存现状评估：

a. 文物现存状态（器名和器形，器形大小，器物完残程度等）评估；

b. 文物材质成分和结构分析。利用显微镜、微区X射线荧光及扫描电子显微镜、X射线荧光、X射线衍射、红外光谱、拉曼光谱等，分析文物材质成分和结构，判明文物的材质组成；

c. 文物腐蚀/朽变产物成分和结构分析（表面锈蚀状况、腐蚀形貌、风化状况等）。利用偏光显微镜、X射线荧光、X射线衍射、红外光谱、拉曼光谱及扫描电子显微镜等，分析文物腐蚀产物成分和结构。

（2）文物价值评估：利用考古资料和文献，结合上述现状评估信息，评估文物的

---

① 〔加〕南森·斯托洛著，宋燕、卢燕玲、黄晓宏等译：《博物馆藏品保护与展览——包装、运输、存储及环境考量》，科学出版社，2010年。

历史价值、艺术价值、科学价值，以及社会价值和文化价值。

（3）根据现状评估中文物材质、腐蚀产物以及保存状况等，确定保护措施，如是否脱盐、加固、缓蚀、防风化、封护等。实践中应该使用成熟的方法和材料。

（4）根据文物价值和器形大小，选择适宜保存器具或装具。

（5）根据保护后文物的稳定性评估，并结合器物所在博物馆环境和经济条件，提出适宜于文物长期稳定保存的环境标准。

以上为馆藏文物保护的一般程序或技术路线，基本适合于大部分文物保护方案编制。如果有配合考古发掘工作的文物保护，一定要制定考古现场保护预案。

此保护程序或技术路线基本执行了《中国准则》与馆藏文物预防性保护要求。在方案编制阶段，通过分析研究可确定文物价值、存在问题、适宜的保存环境（回答"是什么"和"为什么"，属于文物科学研究），确定保护方法和材料（回答"做什么"和"怎么做"，属于文物保护技术）等，是完整的文物科学研究和保护技术实施过程。因此，研究工作具有基础性和全程性，是制定方案、选择保护方法与材料、评估保护效果以及开展预防性保护的先决条件和重要环节。

保护方案制定后，应组织专家或专家会议审阅，并按照《中华人民共和国文物保护法》《中华人民共和国文物保护法实施条例》，以及《中国文物古迹保护准则》要求的程序呈报文物行政管理部门，批复后即可实施。需要强调的是，在保护技术方案制定过程或报批期间，文物保管部门有责任根据保护人员建议改善文物的保存环境条件，以延缓文物劣化进程。

思 考 题

1. 文物保护科技的主要内容是什么？
2. 如何理解文物保护中的可识别原则？
3. 馆藏文物保护程序中的病害识别为何重要？

延 伸 阅 读

国际古迹遗址理事会中国国家委员会制定，中华人民共和国国家文物局推荐：《中国文物古迹保护准则》，2015 年。

《中华人民共和国文物保护法》，2024 年 11 月 8 日第十四届全国人民代表大会常务委员会第十二次会议第二次修订。

第二章 馆藏文物预防性保护

本章主要关注博物馆等文物收藏机构内文物保存环境和文物的预防性保护。这里将从馆藏文物保存环境术语和概念界定出发，介绍馆藏文物保存环境主要影响因素，以及它们对文物的影响和测量方法。同时，简述馆藏文物预防性保护概念、发展历史和现状，以及绿色博物馆等内容。并从文物保护实践角度出发，结合当前相关行业标准，就如何编制馆藏文物预防性保护方案进行概述。

第一节 文物保存环境

本节叙述文物经历的不同环境及环境对文物影响的本质，重点解释馆藏文物保存环境相关概念和术语。

一、文物与环境

1. 环境概念

环境指体系外的客观事物集合，一般与体系有着密切且相互影响的关系。体系指研究的对象，有一定的人为性，可以是实际的或想象的。环境是一相对概念，以体系为中心参照，随体系的变化而变化，体系与环境间存在着对立统一关系，它们相互影响、相互依存。比如人类环境是以人类为中心体系的人类生存圈；种植环境是以某一农副作物为中心体系的生长环境；冶炼环境是以某一金属为中心体系的炉内控制环境。

文物保护科学中的环境是指与文物相关的外部客观综合，其中以文物为研究对象，作为中心体系。研究文物与环境相互作用关系是文物保护科学的重要内容。根据人类对自然环境的改造与否，本书将文物环境分为自然环境和馆藏文物保存环境，其中自然环境又可分为土壤环境、大气环境和水环境等。

自然环境一般指与文物相关的一切自然物质和能量，如水、矿物、土壤、动植物、微生物、温度、光照、辐射、引力等，以及由地震、海啸、火山运动等产生的能量。文物是古代人类社会生产活动的产物遗存，能留存至今多带有偶然性。这些遗存在被无意丢弃或有意处理后，经过漫长历史岁月，在自然环境作用影响下，逐渐变化而成了现在状态。随着人类社会对自然环境影响日益加重，由人类生产或其他行为产生的一些物质或能量对文物自然环境的影响逐渐增多，如大气污染物、水污染物等。

当前仍有很多文物埋藏于山川、大地、河流、海洋等自然环境之中，但也有大量文物在被发现、发掘后保管于馆藏文物保存环境之中。馆藏文物保存环境是经人们利用各种手段对自然环境改造后的文物环境，馆藏文物保存环境既包含自然属性又包含社会属性，是人们对自然环境主动干预的结果，如博物馆等各类建筑内部环境，体现了人类社会对自然环境的改造，它不再单纯依赖于自然变化，而受人为因素干预和控制的越来越多。

2. 环境与文物关系

文物保护科学是研究文物性质、组成、结构和变化规律，以及如何防止文物劣化、损坏的科学。从研究内容就能看出它与化学息息相关，自然科学是文物保护的科学基础，因此利用热力学和动力学理论，可以更好地理解环境与文物的相互作用关系及文物劣化机理。

热力学理论中，体系一般分为开放体系、封闭体系和孤立体系。现实中，文物属于开放体系，与周围环境不断发生着能量和物质交换，由热力学第二定律可知，物质总寻求能量最低的稳定状态，文物大部分属于人工制品，通过人工制造而成，因为制作过程中消耗了一定的能量，根据热力学第一定律能量守恒可知，这些文物大都能量较高，处于不稳定状态，所以文物倾向于通过与环境能量和物质的交换形成新物质，如氧化物或其他化合物等，转变为低能态物质，因此文物劣化具有自发性和必然性。

19 世纪，赫胥黎在研究达尔文进化论后，对宇宙自然发展过程说了一段精辟而富有哲理的话："大自然常常有这样一种倾向，就是讨回她的儿子（人）从她那儿借去而加以安排结合的那些不为普遍的宇宙过程所欢迎的东西。"所以也可以说，文物的变化就是组成文物要素恢复到它自然存在状态的过程。幸运的是根据动力学理论，通过减少体系与环境能量和物质交换，使体系尽量成为封闭或孤立体系，文物变化速率将会大大降低。这也给我们文物保护工作提供了重要启示，努力营造一种理想环境，减少文物体系与环境的能量与物质交换，便可以减缓文物劣化、损坏速率，从而保护住祖先遗留下的宝贵文化遗产。

二、馆藏文物保存环境

1. 馆藏文物保存环境分类

馆藏文物保存环境（又称"博物馆环境""藏品保存环境"）是人们有意识收藏、保管文物的体现，使文物保存摆脱完全受自然因素影响的限制，方便人们在一个相对较小的空间内施加干预措施，实现文物保存环境趋于理想状态，降低文物体系与外界环境的物质与能量交换，延缓文物劣化变质速率，同时也方便创造一个安全可控的文物保管环境，达到全面保护文物之目的。根据《馆藏文物预防性保护方案编写规范》（WW/T0066-2015）[①]，馆藏文物保存环境定义如下：

馆藏文物保存环境是指收藏与展示各类可移动文物的相对独立空间总体，包括文物库房、展厅、展柜、储藏柜、囊匣等空间及其中的物理、化学、生物等影响因素。

根据馆藏文物保存环境空间大小，方便分析研究和工作实践，我们将馆藏文物保存环境空间分为如下四类（图 2-1）：

（1）室外环境：博物馆等建筑外的暴露空间及其中的物理、化学、生物等影响因素。

（2）大环境：博物馆等建筑所覆盖的室内空间及其中的物理、化学、生物等影响因素。

（3）小环境：展厅、库房、提看室等存放文物的室内空间及其中的物理、化学、生物等影响因素。

（4）微环境：展柜、储藏柜、囊匣等储存文物的相对密闭空间及其中的物理、化学、生物等影响因素。

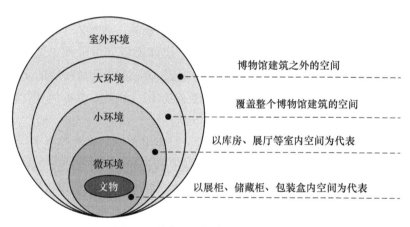

图 2-1　馆藏文物保存环境空间分类

为了确保研究的统一性，根据相关标准《博物馆建筑设计规范》（JGJ 66-2015）[②]和《馆藏文物防震规范》（WW T0069-2015）[③]，馆藏文物保存环境空间相关术语及概念解释如下：

（1）博物馆建筑：为满足博物馆收藏、保护并向公众展示人类活动和自然环境见证物，开展教育、研究和欣赏活动，以及为社会等功能需要而修建的公共建筑。

（2）展厅：为向观众展示展品而设置的专用房间。

① 吴来明、黄河、徐方圆等：《馆藏文物预防性保护方案编写规范》WW/T 0066-2015，2015 年。
② 华东建筑设计院：《博物馆建筑设计规范》，中国建筑工业出版社，1991 年。
③ 吴来明、葛家琪、黄河等：《馆藏文物防震规范》WW /T0069-2015，2015 年。

（3）库房：收藏、管理藏品的房间。

（4）展柜：用于展示文物相对封闭的柜子。

（5）储藏柜：用于储存文物的柜架和相对封闭的柜子。

（6）囊匣：针对具体文物制作的包装容器。

2. 文物保存环境特征因素

馆藏文物保存环境空间内物质和能量是与文物体系相互作用的关键，这些物质和能量称之为环境影响因素，是环境状态反映，主要环境影响因素包括：温度、湿度、光照、空气污染物、有害生物、振动。这些要素并非单独作用于文物，往往多种要素共同影响文物变化或劣化。但为了方便理解和学习，我们暂将各要素单独介绍，分析其对文物的影响，或与文物的相互作用。

下文将分别介绍影响文物变化的主要环境要素温湿度、光照、空气污染物、有害生物，以及它们的测量或检测方法[①]。

第二节　温度和湿度影响及测量

温度和湿度是生活中经常接触的两个概念，通常人体对温度反应更为敏感，当室温下降或升高 1～2℃时候，我们身体能够明显感受到冷热差异。而对于湿度人体则稍微迟疑，10% 幅度变化有时候我们也未能发现干湿的差别，而某些材质的文物则恰恰相反，有时候它们对于湿度更加敏感。本节将介绍温湿度概念和其对文物的影响，以及测量温湿度方法。

一、温度、湿度及其对文物影响

1. 温度概念

简单来说，温度是表征物体冷热程度的物理量。根据热力学第零定律，即热平衡定律，可以得出温度定义，处在同一热平衡状态所有热力学系统都具有一个共同的宏观特征，这一特征是由这些互为热平衡系统状态所决定的一个数值相等的状态函数，这个状态函数被定义为温度，温度相等是热平衡的必要条件。也就是说，互为热平衡的系统都有相同温度，这时候可以用一个温度计去判定不同的物体温度是否相同。

微观层面，温度是系统内部分子无规则热运动强弱程度的标志，温度越高，分子

---

① 杨璐、黄建华：《文物保存环境基础》，科学出版社，2015 年；〔英〕加瑞·汤姆森著，国家文物局博物馆司、甘肃省文物局译：《博物馆环境》，科学出版社，2007 年，第 3～125 页；郭宏：《文物保存环境概论》，科学出版社，2001 年，25～136 页；张晋平：《博物馆环境监测控制技术》，中国环境出版社，2013 年，第 1～133 页；〔加〕南森·斯托洛著，宋燕、卢燕玲、黄晓宏等译：《博物馆藏品保护与展览：包装运输、存储及环境考量》，科学出版社，2010 年，第 4～26 页。

热运动就越强烈。

2. 温度对文物影响

温度影响化学反应速率，加速文物劣化速度。范特霍夫（J. H. Van Hoff）于1884年提出一个经验规则：对一般的化学反应，在反应浓度相同情况下，温度每升高10℃，反应速率增加到原来的2～4倍。产生这一现象的主要原因是随温度升高，反应物分子将获得更多能量，从而使一部分原本能量较低分子变成活化分子，增加了活化分子百分数，反应速率增加。同时温度升高可以使分子平均动能增加，造成反应物分子热运动加速，碰撞几率增加，反应加快。因此文物保存过程中环境温度一般要求不能太高，尤其是在光、氧气、水汽等其他因素均处于较高量时，温度升高能够加快它们与文物相关的反应，危害文物保存。因此，文物通常保存在较低温度较为有利。

温度造成文物热胀冷缩。热胀冷缩是物质的基本性质，一般情况下，温度受热后尺寸增大会膨胀，受冷后尺寸减小会收缩。从温度微观定义可知，物体是材料中分子运动量度。当温度增加，物体内分子能量增大、热运动加速且分子间距离增大，温度降低物体内能量降低热运动减速且分子间距离减小。石质或岩土类文物在冷热变化时，不同部分因胀缩差异，产生内部应力，造成文物的内部开裂或表面剥落。冷热造成的膨胀收缩对复合型文物影响同样较大，因复合材质膨胀系数不同，易产生内部应力，使得强度较低材质部分发生变形、开裂等现象。冷热波动越大，由涨缩不均匀造成的文物破坏则更明显。

文物应当保存在一个比较适宜的温度环境中，既要考虑经济可行性，也要考虑其本身的物理化学特性，并不是温度越低保存效果越好。如锡制品在过低温度会发生"锡疫"现象。"锡疫"现象是一种金属同素异晶转变，它是低温造成文物损害的一种典型例子。锡元素在常温常压下有白锡和灰锡两种同素异晶体。在13.2℃以上，最稳定的是白锡，在13.2℃以下灰锡最稳定。当温度降到13.2℃以下时，白锡会转变为灰锡，由金属晶体结构变成共价键结构，结构改变，发生"锡疫"现象，造成器物损毁。

温度除直接作用于文物外，还通过影响文物内含水率、盐溶液溶解度间接影响文物保存状态，同时还对文物表面及周围生物活动产生影响，在适宜条件下，大多数生物随温度升高其活动、繁殖能力增强，对文物破坏性增大。

3. 湿度概念

表征空气中水蒸气含量多少的物理量称为湿度，又称为绝对湿度。饱和含湿量是指在大气压力、温度一定情况下，空气中所含水蒸气的最大量。绝对湿度无法明确表现空气的潮湿干燥程度。通常采用相对湿度反应空气体系的潮湿、干燥情况，它所表示的是空气湿度距离饱和状态程度。相对湿度表示空气中实际湿度与饱和湿度的百分比，是衡量空气潮湿程度的重要指标。文物材料平衡含水率和空气的相对湿度直接相关，其数值高低取决于空气的相对湿度。

4. 湿度对文物影响

造成有机质文物湿胀干缩。类似于热胀冷缩，湿度会导致有机质文物湿胀干缩，而且湿度变化带来的湿胀干缩比温度带来的热胀冷缩现象更加显著，这类文物主要包括纸张、漆木器、纺织品、皮革等。

可溶性盐溶解与结晶。陶器、壁画等多孔质文物从地下出土后往往含有可溶性盐。当保存环境中相对湿度较低时，文物中可溶性盐溶液向外蒸发，达到饱和状态后在表面形成结晶析出，结晶体体积相较之前膨胀，膨胀产生的力作用于文物表面空隙，造成空隙侧壁崩解、碎裂，从宏观上看表现为该类文物的酥松和粉化。随着湿度增加，可溶性盐又溶解，当湿度再次降低时，重复结晶膨胀过程，从而连续破坏文物表面。因文物中通常含有多种可溶性盐，它们有不同蒸气压，因此导致湿度变化带来连续破坏。

纤维素水解与脆化。以纤维素为主要成分构成的有机质文物，如纸张、棉布、竹木器等，在高湿环境中，纤维素易从空气中吸收水分，吸水后纤维素除发生变形，还有可能在酸性污染物等因素影响下，发生水解而断裂，造成纤维强度显著降低，因此通常避免湿度高于70%。低湿环境中，结合水蒸发，部分氢键断裂，使其柔韧性和可塑性显著降低，造成文物破裂和脆化。40%该类文物包括木材、纸张、纺织品、骨骼、象牙、皮革等保存环境的下限，低于相对湿度值，尤其是古代材料多已老化，极易发生脆化断裂现象。

湿度过高容易造成金属文物腐蚀。空气湿度大小决定金属文物表面是否能够形成水膜以及水膜厚度，空气中酸性气体溶解到水膜中，形成电解质溶液，构成电化学腐蚀的基本条件。不同元素离子或原子因电位差异形成原电池，造成金属文物腐蚀。相关研究表明，对于大多数文物而言，如果环境相对湿度在35%以下（铁器例外），腐蚀现象能够完全控制。相对湿度达到60%时，大多数金属文物腐蚀开始发生（古代金属文物许多含有有害离子会在更低的湿度下发生腐蚀）。相对湿度上升到80%时腐蚀速率显著上升。

高湿引起颜料变色和染料褪色。颜料变色是一个复杂过程，不仅与颜料化学成分、性质有关，还与颜料载体性质、光辐射、相对湿度有关。如古代经常使用的铅丹，高湿度就是其变色的主要原因。研究表明，铅丹在干燥环境中稳定，在相对湿度大于70%的环境中，伴随着光辐射等因素，可能发生变色反应，逐渐由红色变成黑色的二氧化铅。而铅黄在高湿环境下，即使没有光照也会逐渐由黄色变成黑色二氧化铅。除矿物颜料外，古代大量植物染料在湿度较高环境中比较低时褪色速率更快，其反应机理尚不明确。

高湿是引起生物损害的重要原因，相对湿度65%是霉菌生长的重要界限，在65%以下湿度环境中霉菌不易滋生。一般昆虫最适宜的相对湿度范围在70%～90%。因此，低湿可以起到抑菌作用。

二、测量技术

1. 温度

对温度分度所作的规定，称为温标。它是一种人为规定，可以理解为一种单位制。温标按照制定方法不同可分为经验温标、理想气体温标和热力学温标。常用经验温标有华氏温标、列氏温标和摄氏温标。我国常用摄氏温标，单位为摄氏温度，用℃表示。理想气体温标和热力学温标记为 T，单位为"开尔文"，记为 K，它与摄氏温度的关系为：

$$T = t + T_0 = t + 273.15$$

温度不能直接测量，往往是借助于物质某些物理特性是温度的函数，通过测量这些物理特性变化量间接获得。这种能间接获得温度值的测量仪器称为温度计。

根据温度测量仪表使用方法，通常可分类为接触法和非接触法。

非接触法通常用来测量 1000℃以上移动、旋转、反应迅速的高温物体温度，测量 100℃以下的温度误差较大，如红外测温仪能迅速捕捉瞬时反应的最高温度。

在文物保存环境温度测量中，接触测量法是最常使用的温度测量法，通过空气温度表征推测文物本体温度。常用的温度计包括玻璃液体温度计、双金属温度计、热电阻温度计、热电偶温度计。

2. 相对湿度

相对湿度表示空气湿度距离饱和湿度状态的程度。在实际操作中，常用空气中实际水蒸气分压力和同温度下饱和水蒸气分压力之比的百分数来表示，符号为 φ 或 RH。

在湿度测量中，最常用的湿度计有干湿球湿度计、毛发湿度计、电阻湿度计、电容湿度计。

第三节　环境光照影响及测量

光照与空气温湿度一样，能够造成文物劣化变质，是文物保存过程中的重点关注环境要素。光照对有机脆弱质文物具有极强的破坏性，能够加速其降解老化。减少光照对文物的不利影响，平衡光照在文物保护和观赏间的矛盾，是现实中重点解决的问题。本节介绍光照基本概念、光照对文物的影响，以及光照和紫外辐射的测量方法。

一、光照及其对文物影响

1. 光照概念

光照或光辐射，指光发射体辐射出的电磁波，这些电磁波又称为光波，具有波粒二象性，既有波动性，又有粒子性。光作为一种波，具有传播性、周期性、波动性，能够产生折射、干涉、衍射等现象。如果将光波按频率或波长大小排列，可以形成一条很宽的谱带，称为光谱。可见光是能够引起人眼视觉效应的光线，也就是人类能够看见的光波，是光谱中很窄的一部分，可见光光波的范围大概在 380～800nm，800nm以上存在红外线、微波等，380nm 以下存在紫外线、X 射线等电磁波，虽然这些光波无法用肉眼观测到，它们对文物同样产生影响，甚至比可见光危害更大。光也是一种粒子流，光是由特殊粒子——光子组成的。光子以不连续方式传播能量，光子是光吸收和辐射的最小能量单位。光的能量与波长成反比，与频率成正比。因此，紫外线等短光波比可见光具有更高的能量，对文物破坏性也更强。

2. 光照对文物影响

光照容易造成文物尤其是有机质文物的劣化变质。物质一般是由微小粒子如离子、原子、分子等通过化学键或分子键等连接而成，当光粒子能量大于物质微小粒子之间连接能量时，容易发生旧键断裂和新键形成，从而导致文物变质，我们通常称这种主要由光照造成的劣化为光老化。光老化机理复杂多变，与环境中其他因素息息相关。

光照可致纤维类文物内部纤维聚合度降低，出现变脆、发黄等明显老化现象。纸张是纤维类文物的典型代表，主要成分包括纤维素、半纤维素和木质素。纤维素决定纸张强度，在光照作用下，纤维素降解为葡萄糖和半纤维素等物质，从而导致纸张强度降低、变脆。木质素在光和氧气存在下易生成有色的邻醌结构，使老化纸张泛黄，当然老化纸张泛黄除与木质素变化有关外，纤维素降解生产的二羧基与纸张中残留铁、铜等离子络合产物也会导致纸张发黄。

光照易使染料褪色。染料作为着色物质，通常与矿物颜料对应区分。古代染料通常提取自植物，如藤黄、花青、靛蓝等，少数取自动物，如紫（虫）胶、胭脂虫红等。光照可导致染料发生光氧化反应引起染料分子结构变化而褪变色，其反应机理与常见的有机材料老化相似。

光照不但使丝织物表面染料褪色，也会破坏丝织物本身组成结构，引起脆化、泛黄现象。我国古代丝织品主要由蚕丝织造而成，蚕丝主要由丝素蛋白和丝胶两部分组成。丝素蛋白坚韧有弹性，由肽键连接多种氨基酸而成，光照破坏肽键，促进丝蛋白中残留酪氨酸与色氨酸发生光氧化而产生有色物质，使丝织品发脆、变黄。

矿物颜料易因光照而褪色。矿物颜料和染料在光照条件下均已发生褪色。光照引发矿物颜料褪色原因主要可分为两类，一类是光照使粘附矿物颜料于文物表面的胶发生老化，从而使颜料附着能力下降而脱落，表现为褪色现象；另一类是光照引发化学反应，如红色颜料铅丹转化为黑色二氧化铅，红色颜料朱砂（硫化汞）在光照作用下由红色 α 相转变为黑色 β 相。

光照通过光反应直接影响文物保存，尤其是光波中的红外线，加热效果明显。除光照外，光源自身也会产生热量，引起文物保存环境温度的变化，这些都是在博物馆文物保存实际中都应注意的问题。

二、测量技术

表征光照的相关参数有色温、显色性、辐射通量、辐照量、光通量、照度、曝光量等，在文物保护实践中，为了解光照对文物保存状况的影响，最直接的是测量文物表面接收到的辐照能量，一般测量光照度和紫外线辐射量。

1. 光照度测量

照度是指物体被照亮的程度，采用物体表面得到的光通量与被照面积之比来表示，单位是勒克斯（lx）。光通量则是表示以人眼光感觉度量光辐射通量的物理量，单位是流明（lm）。光辐射通量指发光体在单位时间内辐射出光的总能量，单位是瓦特（w）。

照度计是用于测量被照物体表面光照度的仪器，数值单位一般为勒克斯（lx），由光照度定义可知，照度计测量的也是人眼能感知光线的强度。当前文物保存环境测量中最常用的照度计是光电池照度计。使用照度计测量光照强度时，应尽量保证仪器感光件与文物表面处于同一高度、相近位置。

2. 紫外线辐射量测量

紫外辐射量测量一般采用紫外线辐照度计，通过紫外线辐照度计测量紫外辐射在文物单位面积上辐射通量的大小，数值单位一般为瓦特/平方米（W/m²）。紫外辐照度计与照度计测量光谱范围不同，其物理量意义也存在区别。

第四节　空气污染物影响及检测

地球表面空气无处不在，与人类生活息息相关，空气本身是一种无色、无臭、无味气体，通常含有氧气、氮气、二氧化碳、水分以及氦、氖、氩等稀有气体，但也常常被尘埃、氮氧化物、硫化物等污染，空气污染物不只影响人类身体健康，同样也威胁着文物安全（对文物而言）。博物馆环境污染物主要包括气溶胶污染物、硫化物、氮氧化物、氯及氯化物、挥发性有机物等。

一、空气污染物及其对文物影响

1. 气溶胶污染物

气溶胶污染物指空气中除气体以外的物质，可分为粉尘、烟、雾等，大小可以用颗粒直径表示，以微米（μm）为单位。我们通常所说的 PM2.5 是指直径小于或等于 2.5μm 的颗粒污染物。当污染物颗粒直径大于 15μm 时，易在污染源处沉降；当直径小于 15μm 时，由于体积小、重量轻会在空气中保持漂浮状态，随气流迁移，吸附于物体表面。

气溶胶污染物中通常夹杂各类有害物质，如硫化物、氮氧化物等，当其吸附于文物表面，在水、氧气、光等因素共同作用下，生成酸、碱性物质，腐蚀文物表面。气溶胶污染物中还含有黏土等物质，当其附着在纺织品、纸张等文物表面时，吸收空气或文物材质中水分，发生水解，分解出胶性物质，使纸张、纺织品黏结成块状。气溶胶污染物中还有霉菌孢子，在适宜环境下，霉菌容易滋生。

2. 硫化物

空气中危及文物保存的常见硫化物主要有两种：二氧化硫和硫化氢。二氧化硫是一种无色但具有强烈刺激性气味气体，除小部分产自自然界外，多数来自人类燃烧燃料过程。二氧化硫不仅直接危害文物，其在杂质铁、锰等金属颗粒，以及光照催化作用下，易形成更具破坏力的硫酸，腐蚀文物表面。硫化氢具有臭鸡蛋气味，广泛存在于空气环境中。硫化氢可溶于水形成氢硫酸破坏文物，也可能会先被氧化为二氧化硫，再进一步影响文物。二氧化硫容易对碳酸钙类、铁质文物等产生强烈腐蚀作用，降解纤维类、丝织品类等脆弱质有机文物组织结构。硫化氢易与通常稳定的铅白、铅丹、铁红等古代颜料反应，生成黑色硫化铅、硫化铁。硫化氢也是导致银器变乌、变黑的主要因素。

3. 氮氧化物

氮氧化物包括一氧化氮、一氧化二氮、二氧化氮、三氧化氮等，除一氧化二氮无毒性外，其余均危害人和文物安全，其中一氧化氮和二氧化氮最为常见和危害性最大。二氧化氮是红棕色气体，具有刺激性臭味，它与二氧化硫腐蚀文物机理类似，易溶于水形成强酸，对大多数文物均具有强腐蚀作用。一氧化氮本身不与文物直接反应，但易被氧化，生产二次污染物二氧化氮，破坏文物。同时，氮氧化物还是光化学烟雾的引发剂，光化学烟雾中的臭氧具有强氧化性，对文物破坏力巨大。

4. 氯及氯化物

氯气是黄绿色气体，与水作用后生成盐酸和次氯酸，盐酸具有腐蚀性，次氯酸具有强氧化性，均对文物具有极大破坏力。氯化物对文物的危害同样不可小觑，尤其是海边文物保存机构内空气中常混杂有较多来自海面的氯化钠，氯化物溶于水后，在其他物质作用下会产生盐酸，侵蚀文物。氯化物通常还来自工业废气和博物馆使用材料的老化、降解，如聚氯乙烯树脂（PVC），在受热或光照作用下易生成相应氯化物。氯离子对青铜、铁等金属文物破坏力强。青铜器中常说"有害锈"主要成分为氯铜矿、副氯铜矿等，空气中氯化物在水、氧气等要素共同作用下，导致青铜器表面出现点腐蚀等，如不及时处理，会造成病害不断漫延，危及文物整体。

5. 氧及臭氧

氧气（O_2）是大气中的主要成分之一，是很多种生命生存的前提条件，对人类来说，氧气不属于空气污染物，但对于文物而言，很多文物劣化、变质，均是由氧气的参与引起的。因此，低氧环境对于文物的长久保存具有积极作用。

臭氧（O_3）是氧气的同素异形体，常温下淡蓝色，有一种特殊臭味。室内臭氧主要来自电气设备如打印机工作过程。臭氧氧化性强于氧气，对各类文物破坏性大，能够氧化金属，使有机染料褪色等。

6. 挥发性有机物

挥发性有机物（VOCs）指沸点在 $50\sim250\,℃$，室温下饱和蒸气压超过 133.32Pa，在常温下以蒸气形式存在于空气中的一类有机物。按分子结构可分为：烷类、芳烃类、烯类、卤烃类、酯类、醛类、酮类等。室内装修、文物展陈存储、保护修复中，如果使用材料不当，容易引入挥发性有机物，如甲醛、甲酸等有机污染物，对纤维质、金属质文物造成侵蚀。

二、检测技术

目前空气污染物检测方法主要有两种，一种是空气质量直接检测。当前市面上可以见到多种电子环境检测设备，如甲醛检测仪、二氧化硫检测仪、VOCs 检测仪等，可以直接获取相关环境指标数值。另一种是空气质量间接检测方法。使用空气污染物积累采样设备，收集待测环境空气样本，对收集的空气样本，采用现代仪器分析技术，如离子色谱、气相色谱、原子吸收光谱等分析方法测定污染物成分和含量。

除以上两种方法外，文物保护实践中还经常采用一种简易评价文物保存环境质量和检测相关装具材料是否会释放有害气体的方法。这种评价方法是大英博物馆文物保护科学家 Andrew Oddy 于 1973 年提出的，称为 Oddy 试验。试验方法是在被测位置，悬挂易腐蚀金属片，如银片、铜片、铅片等，通过对比观察或测量测试片腐蚀程度，判定环境污染状况。Oddy 实验从提出至今已被众多文物保护科学家改进、完善，成为当前简易测试文物保存环境的高效方法。

第五节　生物影响及检测

文物赋存环境存在丰富的生物资源，如动物、植物、微生物等，与文物或共存或寄生。无论何种关系，生物生长代谢活动都会对文物造成一定影响。文物赋存环境是多种多样的，例如露天文物直接暴露于大气环境中，地下埋藏文物处于土壤环境中，水下文物位于水体环境中，环境之间的差异影响了生存其中的生物类型，也决定了文物遭受的病害生物种类，其中对馆藏文物影响最大的是鼠类、昆虫和微生物。为了避免它们对文物持续破坏，需要对其鉴定，了解其破坏方式，并探究合理的防治方法。

一、常见生物类型及其对文物危害

1. 文物中常见动物及其危害

馆藏文物中有害动物主要包括鼠类以及昆虫类，其危害方式及特点如表 2-1 所示 [1]。毛衣鱼、烟草甲、书窃蠹、书虱、花斑蠹、家白蚁等是馆藏文物病害最常见的几类昆虫，主要通过蛀蚀、排泄物等方式破坏文物。动物排泄物中含有丰富的无机、有机化学成分，与文物材料发生反应会造成文物颜料层褪色或变色、文物表面腐蚀或脱落等病害。

表 2-1　文物中常见的动物类型及其危害方式与特点

动物类型	危害方式	病害表现
鼠类	碰触、啃食、排泄物	表面污染和腐蚀、结构破坏、颜料褪色或变色
昆虫类	碰触、蛀蚀、脱落鳞片、排泄物	表面污染、颜料褪色或变色、纸张和纺织品蛀蚀

2. 文物中常见微生物及其危害

微生物是肉眼难以看清，需要借助光学显微镜或电子显微镜才能观察到的一切微小生物的总称，具有个体微小、繁殖迅速、代谢活跃、抗逆性强、分布广泛等特点。在馆藏的各类型文物中，青霉属和曲霉属真菌十分常见，但由于微生物生长受到环境和文物基质生物感受性等因素影响，不同文物表面微生物群落存在很大差异。微生物对文物危害方式大体相同，主要分为三类：美学损害、物理损害、化学损害 [2]（表 2-2）。

表 2-2　微生物对文物的主要危害方式与特点

危害方式	作用方式	病害表现
美学损害	色素分泌、灰尘吸附	变色或遮盖
物理损害	钻孔、不均匀覆盖引起应力差	糟朽
化学损害	有机酸、无机酸、次生盐、多元醇等	糟朽、盐析、矿物结壳

---

[1]　汪万福、马赞峰、蔺创业等：《昆虫对石窟壁画的危害与防治研究》，《敦煌研究》2002 年第 4 期；汪万福、蔺创业、张国彬等：《甘肃境内石窟寺中壁画有害生物调查及防治对策》，《敦煌研究》2009 年第 6 期；甄丛爱、赵丹苹：《纸质文物生物病害研究进展》，《北京印刷学院学报》2019 年第 27 卷第 5 期；田敬伊：《馆藏文物常见害虫及综合防治》，《河北北方学院学报（自然科学版）》2017 年第 33 卷第 5 期。

[2]　Warscheid T, Braams J. Biodeterioration of stone: a review. *International Biodeterioration & Biodegradation*, 2000, 46: 343-368; Scheerer S, Ortega-Morales O, Gaylarde C. Microbial deterioration of stone monuments-an updated overview. *Advances in Applied Microbiology*, 2009, 66: 97-139; Liu X, Koestler R J, Warscheid T, et al. Microbial deterioration and sustainable conservation of stone monuments and buildings. *Nature Sustainability*, 2020, 3: 991-1004.

二、检测技术

1. 生物采集技术

有害生物信息的采集可以通过拍照、排泄物或个体收集方式进行，其中微生物的采集是最复杂的，既需要根据微生物状态、文物所处环境和保存现状等选取不同的采集方法[①]，又要保证采集过程的无菌操作（表 2-3）。

表 2-3　微生物采集方法及特点

采样工具	适用范围	特点
棉签	文物表面微生物	可对微量或大面积微生物取样；但会润湿文物
胶带	文物表面微生物	成本低、操作简单；但不适用于脆弱文物
培养皿	空气微生物	操作简单；但采样效率低，受空气运动影响大
生物气溶胶采样器	空气微生物	效率高，粒径广，可分级采集，受环境条件影响小；但可能降低生物活性

2. 生物鉴定技术

动物的分类鉴定主要参考《中国动物志》及各省《经济昆虫图志》等[②]，而微生物鉴定则主要通过分子生物学技术，包括变性梯度凝胶电泳、限制性片段长度多态性分析、荧光原位杂交、测序技术等[③]。测序技术是目前微生物鉴定最常用技术，其中 16S rRNA 序列中的 V3～V4 区是细菌鉴定最常用的区域，而 rRNA 中的基因间隔序列 ITS1 和 ITS2 则通常用作真菌鉴定的主要区域。随着测序技术的进一步发展，宏基因组学测序技术不再局限于 16S 和 ITS 片段，而是将测序片段扩展到整个基因组序列中，测序所得的结果在微生物群落多样性分析的基础上还可以进行微生物功能、微生物间互作关系、微生物与环境间关系等研究，从而深入了解微生物对文物的腐蚀破坏机理。目前不须进行 PCR 扩增的三代单分子测序技术逐渐成熟并开始用于文物微生物群落鉴定。其中，MinION 纳米孔测序技术实现了测序仪的可携带性，可以在现场直接对微生物群落鉴定，既可获取微生物群落的实时信息，也能避免运输、实验过程对测序结果造成的干扰[④]。

① Pasquarella C, Pasquariello G, Balocco C, et al. Biological and microclimatic diagnosis in cultural heritage conservation: interdisciplinary research at Palatina library in Parma. *Science of the Total Environment*, 2015, 536: 557-567; Palla F, Barresi G. Biotechnology and conservation of cultural heritage. *Springer International Publishing Switzerland*, 2017: 18-19.

② 汪万福、萬创业、张国彬等：《甘肃境内石窟寺中壁画有害生物调查及防治对策》，《敦煌研究》2009 年第 6 期。

③ Palla F, Barresi G. Biotechnology and conservation of cultural heritage. Springer International Publishing Switzerland, 2017: 18-19; González J M, Sáiz-Jiménez C. Application of molecular nucleic acid-based techniques for the study of microbial communities in monuments and artworks. *International Microbiology*, 2005, 8: 189-194; Otlewska A, Adamiak J, Gutarowska B. Application of molecular techniques for the assessment of microorganism diversity on cultural heritage objects. *Acta Biochimica Polonica*, 2014, 61: 217-225.

④ Pavlovic J, Cavalieri D, Mastromei G, et al. MinION technology for microbiome sequencing applications for the conservation of cultural heritage. *Microbiological Research*, 2021, 247: 126727.

3. 生物防治技术

文物有害生物的治理应按照"预防为主，防治结合"的原则。由于文物的脆弱性和不可再生性，对文物有害生物的治理必须慎之又慎，在深入调查研究、室内模拟试验、现场实验的基础上开展综合防治。

有害生物的防治通常是依据生物的生活习性或生长繁殖特点，采取针对性的环境控制、物理防治和化学干预等手段，清除现有生物，并抑制后续生物的侵入和生长。环境控制主要是控制文物保存的温湿度（通常将温度控制在24℃以下，相对湿度控制在45%~60%），并做好定期清洁。物理防治法主要包括阻隔分离、气味避蠹、低温灭杀、远红外线，及微波辐照等。环境控制主要适用于文物的预防性保护，但成本通常较高。物理防治对文物影响较小，但效果不持久。对于现有生物病害的治理，首选的还是便宜、便捷、高效的化学干预。图 2-2 显示了目前微生物病害防治的主要方式，化学试剂是有害生物清除最快捷有效的方式，但由于其部分材料具有毒性，并将新物质引入文物，需要在确保环境、人员和文物安全前提下使用。

物理清理 ┤
　机械清理：刷子、水（水流、蒸汽）、喷砂机
　射线：激光、紫外、蓝光、电子、γ射线等

化学清理 ┤
　无机抗菌剂：纳米TiO_2、ZnO、Ag、Cu、MgO等
　有机抗菌剂 ┤
　　化学抗菌剂：季铵盐、异噻唑啉酮、环氧己烷（熏蒸剂）等
　　天然抗菌剂：植物精油、真菌代谢物等
　有机疏水剂：有机硅等
　其他：抗菌肽、离子液体、共晶溶剂等

图 2-2　微生物常见治理方法

第六节　馆藏文物预防性保护

两千多年前我国著名医学典籍《黄帝内经》中有"上医治未病，中医治欲病，下医治已病"，意思是好医生能够帮助人们预防疾病发生，提倡未雨绸缪，防患于未然的主动防病与保养理念。文物预防性保护也秉承了这一理念，通过提前主动介入，防止文物病害的出现或继续发生。

一、预防性保护概念和范围

预防性保护是当前文物保护领域最为重要概念之一。随着科技进步和研究的深入，预防性保护内涵和外延都在不断地演变，由最初简单的温湿度调节，到环境质量监控，现如今已发展成为文物全方位风险控制管理体系。如果说文物保护修复关注文物本体的话，那么预防性保护关注的则是文物本体以外的环境或事件，通过对他们关注、分析、研究、预判，并采取科学合理的行动，间接作用于文物，预防文物损坏或破坏等危险行为的发生，从而有效保护文物及其所蕴含信息的安全。

1930 年，在意大利罗马召开的关于艺术品保护国际研讨会上，第一次提出"预防性保护"的概念。1963 年，意大利学者布朗迪在其《修复理论》中首次提出，"文化遗产保护最重要和优先的原则，应该是对藏品采取预防性保护措施，其效果极大地优于在紧急情况下的抢救性修复"。20 世纪 70 年代开始，政府间组织 ICCROM（国际文化遗产保护与修复研究中心）在全球 11 个国家的 26 个博物馆推广预防性保护理念。预防性保护理念逐步成为文化遗产保护国际共识。

文物现存状态是自然规律的结果，也是文物从制作、使用到废弃、埋葬等过程的反应，蕴含着文物所经历的历史、文化、自然信息。文物保护修复过程中我们虽然提出了"最小干预""不改变文物原状"等原则和一系列修复标准，但是仍然无法避免保护修复过程中部分信息丢失的情况。文物预防性保护不是预防文物不染有病害，而是将重点放在了维持文物现状，防止文物病害的继续发生，从而达到保护文物的目的。

国际博物馆协会藏品保护委员会（ICOM-CC）将文物保护划分为：预防性保护、介入性保护、修复。其中，预防性保护旨在确保文物代代相传，围绕文物所处的社会和自然环境，所采取的间接的、不改变文物性状的所有措施和行动。从 ICOM-CC 所定义预防性保护来看，其范围广泛，涉及文物保护的各个层面，包括社会层面文物保护相关政策制度的制定与颁布，文物收藏机构中消防、安防管理，文物保护意识与方法的宣传，文物登记保管，以及环境控制等。

《馆藏文物预防性保护方案编写规范》（WW T0066-2015）中，预防性保护指通过有效管理、监测、评估、调控，抑制各种环境因素对文物的危害作用，使文物处于一个"稳定、洁净"的安全保存环境，达到延缓文物劣化的目的。

为了便于研究和实践，我们将 ICOM-CC 定义的预防性保护概念称为广义上文物预防性保护，将以文物保存环境为中心，更关注保护技术层面的定义称为狭义上的预防性保护。本书将重点关注狭义上的预防性保护，也就是以环境监测、评估、控制为主要目标的保护技术行为。

二、环境监测、评估与控制

环境监测是通过多种技术手段，获取馆藏文物保存环境特征要素包括温湿度、光照、空气污染物等物理量数值参数，从而建立基于空间和时间的完善数据库，为相关研究、评估、控制提供基础数据。一般来说，监测位置越多、监测范围越广、频率越高，越能反映实际环境状况，但受限于人力、物力成本，以及后期数据处理复杂程度，往往优先选择温湿度作为主要监测要素，选择关键位置和测量时间估测整体环境及变化。

　　评估是对环境监测数据统计、分析、评价的过程，从而判定当前文物所处保存环境是否安全，是否造成文物的加速劣化，是预防性保护的关键环节。目前我国正式颁布的与环境相关的参考标准有《博物馆照明设计规范》（GB/T 23863-2009）[①]、博物馆建筑设计规范（JGJ 66-2015）、《文物运输包装规范》（GB/T 23862-2009）[②] 等。因我国区域辽阔，气候多样，目前还未颁布全国性馆藏文物保存环境标准。当前国内博物馆文物保护工作人员评估环境除主要参照以上标准、规范外，还参照 2023 年《博物馆藏品保存试运行规范》（征求意见稿）及国外行业协会、著名博物馆环境标准，以及馆藏历史和实际制定的相应环境指南。当前随着计算机、信息通信、物联网技术的成熟，基于无线网络的实时环境监测系统成为大型博物馆收集全馆文物保存环境数据的重要手段。通过分布在各个位置的无线环境探测器（包括温湿度探测器、二氧化硫探测器、甲醛探测器、有机挥发气体探测器等），定时间断性获取环境要素数值，并自动保存于当地或云存储系统，并配有相关简易数据统计、分析软件，方便环境数据的查找、分析和评估。

　　环境监测、评估是前提，环境控制是目标，即通过人为干预，确保文物保存环境在合理范围内，减缓文物发生劣化的速率。从是否需要持续热能和电能等能源，可将环境控制划分为主动调控和被动调控两大类。主动调控主要包括空调、恒湿机、空气净化器、热暖等；被动调控主要指以缓冲材料构成的封闭空间，以减少能源消耗为原则，通过物理、化学手段，维持环境的相对稳定和洁净，如建筑保温材料使用和缓冲区间设置，定期开窗通风调节温湿度，使用具有调湿净化性能材料控制微环境等。

三、风险管理与文物预防性保护

　　基于藏品风险管理的预防性保护是当前研究热点和未来发展趋势，通过风险因素识别、监测、分析、评估等手段量化文物面临的风险等级，为应对风险提供优先次序。便于将有限资源按照轻重缓急原则有计划地提出解决方案或措施，在合理评估基础上，减少不必要能源损耗。2022 年 12 月，中国博物馆协会邀请山东大学文物保护团队翻译出版了由加拿大文物保护研究所（CCI）和国际文化遗产保护与修复研究中心（ICCROM）编著的《文化遗产风险管理指南》，该书列出了藏品劣化 10 个诱因、风险

---

① 赵建平、肖辉乾、郑广荣等：《博物馆照明设计规范》GB/T 23863-2009，2009 年。
② 吴永琪、张颖岚、汤毅嵩等：《文物运输包装规范》GB/T 23862-2009，2009 年。

结构 6 个层次，提出了分类赋值的 ABC 法量化风险大小以及降低风险的 6 个层次和控制风险的 5 个阶段。对我国博物馆藏品风险管理体系建设和评估工作均具有重要指导价值[①]。

四、可持续的预防性保护

2014 年，国际博物馆协会藏品保护委员会（ICOM-CC）和国际文物修护学会（IIC）发表环境联合宣言，提出可持续发展的广泛性远超博物馆环境标准，应成为博物馆环境标准的关键要素，促进节能减排，缓解气候危机。经过多年发展，基于保存环境监测，融合风险控制理念的预防性保护理论和实践体系基本形成。通过管理、监测、评估、调控，抑制文物外部人为环境和自然环境中的有害因素，延缓藏品劣化、延长藏品寿命。基于经济、社会、环境等考量，构建科学博物馆环境，以绿色低耗能博物馆为目标，实现可持续预防性保护，可从建立藏品环境指南、打造绿色建筑、重视微环境调控与被动调控等方面出发。

根据不同博物馆地理位置、气候环境、建筑结构、内部设施、藏品材质以及已适应历史保存情况，设立适合本馆自身藏品保护的环境质量指南，在科学监测、评估基础上，研究探索保存环境中以温度、相对湿度等主要耗能指标为代表的参数最优范围，平衡文物保存、观众体感、能源消耗三者之间的关系，建立合适的藏品环境指南。全球约 46% 的能源消耗在建筑领域，供暖、通风和空调占建筑总耗能的一半[②]。随着可持续发展目标的推进，关于能源限制的政策将会增多，绿色建筑设计与改造将会成为博物馆领域的重心和社会可持续发展必然要求。绿色建筑的本质就是在满足藏品保存和开放利用的基础上，实现最低成本运营。与藏品保存相关的绿色要素主要体现在建筑选址、功能设计、清洁能源、隔热材料、节能设备等。博物馆环境参数的差异化设置和控制是实现可持续预防性保护的绿色途径之一。一般来说文物保存环境相较于观众体感舒适度控制要求高、耗能大，因此，对作为储存文物最小空间的囊匣、储存柜、展柜等微环境单独控制将是一种重要节能策略。被动材料主要依靠其物理结构、化学性能特征，被动调节环境湿度、净化环境质量，具有调控数值可测、循环使用、无须能源等优点，符合可持续发展理念，近来也成为微环境调控热点领域，但在使用寿命、调控精度和高效性等方面需要研究继续深入。采用高性能被动调控材料或低功率恒湿机配合高气密性展、储柜联合控制藏品微环境，注重节能减排、循环利用，实现稳定、洁净的保存目标，将是下一步深化研究和推广应用的重点方向。

---

① 〔加〕加拿大文物保护研究所、国际文物保护与修复研究中心著，中国博物馆协会编译：《文化遗产风险管理指南》，江苏凤凰文艺出版社，2022 年。

② Bakry M, Hamdy M, Mohamed A, et al. Energy saving potential in open museum spaces: A comparative hygrothermal microclimates analysis. *Building and Environment*, 2022, 225: 109639.

第七节　馆藏文物预防性保护方案编制

2016 年国家文物局发布行业标准《馆藏文物预防性保护方案编制规范》，成为预防性保护方案编制的重要参考指南。标准包含 7 部分：范围、规范性引用文件、术语与定义、预防性保护、预防性保护方案编写资质、预防性保护文本内容、格式等。其中第四部分"预防性保护"中对预防性保护理念、方法和内容进行了界定。本书对规范中相关概念摘抄，以供读者阅读。

一、馆藏文物预防性保护方案编制规范

文物预防性保护的理念是指通过有效的管理、监测、评估、调控，抑制各种环境因素对文物的危害作用，使文物处于一个"洁净、稳定"的安全保存环境，达到延缓文物劣化的目的。"洁净"环境是指控制文物收藏、展示等保存环境中特征污染物浓度等因素处于安全阈值以内。"稳定"环境是指保持文物保存环境在适宜指标下的平稳性，防止相对湿度、温度等因素出现较大幅度的波动。

预防性保护主要包括以下基本方法：

（1）从源头控制文物保存空间的污染物、光照、温湿度、有害生物、振动等因素，加强环境监测与风险评估，实施必要的调控措施。

（2）馆藏文物保存环境温湿度控制应以湿度调控为优先。

（3）针对不同类别的文物，以有效、适度为原则，采用相应的技术路线和措施。

针对馆藏珍贵文物和重要出土文物，预防性保护的主要内容有：

（1）环境监测：针对文物保存微环境和小环境内的影响因素和质量状况进行监测，在风险管理指导下做好风险识别、预测、预警、评价等预防性保护工作。

（2）环境调控：根据环境监测结果实施针对性的调控措施，包括采用被动调控材料或主动调控装置调控文物保存微环境和小环境，配置文物专用囊匣、储藏柜架和智能展柜，采取文物防震措施，调整文物照明，掌握展陈材料评估筛选手段，建立应急预案等，提高文物收藏保管能力和环境控制水平。

（3）日常养护：完善预防性保护管理制度，定期开展检查、通风、清洁、消毒等养护措施工作，及时排除不安全因素或轻微损伤，同时注意包装运输过程中的环境监测和调控。

（4）健康评测：完善常规的、小型的、专业化的仪器设备和工具等手段，提高文物病害分析检测和风险处理基础能力，及时对文物本体病害检测诊断、分析研究与保护处理。

二、馆藏文物预防性保护方案主要内容

按照《馆藏文物预防性保护方案编制规范》馆藏文物预防性保护方案内容一般包含 12 部分，包括概述、前言、设计依据、馆藏文物预防性保护现状、馆藏文物保存环境检测与评估、工作目标、具体措施、实施进度、保障措施、经费预算、各方签章、附件等。

具体措施是方案的核心，是基于馆藏文物预防性现状和环境检测与评估数据，结合工作目标而设计的具有针对性的措施、方法。一般包括以下具体内容：

（1）建立馆藏文物监测评估系统，包括实时监测系统、离线手持检测仪器、计算机网络通信系统等。

（2）开展馆藏文物保存环境调控工作，通过采取针对性措施，精准调控文物保存微环境以及展厅、库房的小环境。构建科学的藏展材料评估筛选方法体系，从源头上杜绝藏展材料在使用过程中释放有害气体。

（3）完善馆藏文物养护措施，包括文物防尘、防虫、防霉、清洁、消毒等。

（4）配置珍贵文物藏 / 展设施，包括储存柜架、展柜、囊匣等。

（5）建立馆藏文物保存环境监控管理机制。

三、案例：山东大学（青岛）博物馆预防性保护方案编制

方案名称：山东大学（青岛）博物馆预防性保护
方案编制目的：提升山东大学（青岛）博物馆预防性保护水平
方案编制单位：山东大学博物馆
编制时间：2021 年
参与编制人员：方辉、李慧竹、王焕、马瑞文等

1. 前言

山东大学（青岛）博物馆建筑总面积为 4.08 万平方米，展览面积 9000 余平方米，收藏各类文物 4 万余件。藏品以校考古学科 40 余年以来的田野考古调查、发掘所获得的各类出土文物为主，同时，亦接收了大量校教职工捐赠的字画、拓片、钱币等。种类涵盖陶瓷器、青铜器、金银器、玉石器、甲骨、瓦当、墓志、钱币、书画、陶俑、丝织品、化石等多个种类。其中，尤以后李文化、大汶口文化、龙山文化藏品及商周青铜器、玉器、甲骨等最为丰富，最具馆藏特色。当前，文物预防性保护的理念已经成为国际文化遗产保护的共识，就博物馆馆藏文物保护而言，对博物馆文物保存环境实施有效的监测和控制，提高博物馆珍贵文物的风险预控能力，最大限度地防止或减缓环境因素对文物材料的破坏作用，是文物预防性保护工作中的关键。

山东大学（青岛）博物馆地处沿海地区，气候环境高湿、水汽中含盐分较多，四

季温差较大。其中在高湿状态下盐分会形成电解质溶液，发生电化学腐蚀，对文物造成强烈腐蚀。本方案针对当前馆内环境监测与调控能力不足的问题，通过设计环境离线检测和无线监测系统平台，配合多种环境调控措施，建立馆藏文物预防性保护管理机制，有效调控和改善馆藏文物保存环境质量，提高该馆馆藏文物保存环境质量调控水平，形成藏品监测、分析、处理等一系列预控机制，全面提升山东大学（青岛）博物馆文物预防性保护水平。

2. 文物预防性保护现状调查

1）山东大学（青岛）博物馆地理环境特征

山东大学青岛校区博物馆位于青岛市即墨区，即墨区位于黄海沿岸，博物馆北侧、南侧和东侧均距离黄海较近。即墨区属温带季风气候，四季分明，由于海洋环境直接调节又具有典型海洋性气候特点。春季气温回升缓慢，较内陆迟 1 个月，风大，降水少，易干旱；夏季温热多雨，但无酷暑，约集中全年 60% 的降水，且常有台风影响；秋季天高气爽，降水少，蒸发强；冬季风大温低，持续时间较长。

山东大学（青岛）博物馆所在地理环境具有明显沿海大气环境特征，大气中易出现盐雾。空气中含盐量最大值一般出现在海洋上空，海洋上空的盐雾量，由于风力的增大，浪花增多，使空气中含盐量最高。当风向由海洋吹向陆地时，沿海地区上空含盐量增加，一般离海越近受盐雾影响越严重。盐雾由于重力而沉落于暴露物体表面。较高的湿度和空气含盐量，使山东大学（青岛）博物馆所在大气环境具有极强的腐蚀性，容易对各类材质文物造成腐蚀、褪色等劣化反应，因此，山东大学青岛校区博物馆作为沿海地区重要博物馆，其预防性保护工作必须得到相应重视，从而确保文物安全保存。

2）山东大学（青岛）博物馆建筑特征及功能划分

山东大学（青岛）博物馆建筑总面积为 4.08 万平方米，展览面积 9000 余平方米，建筑位于校区南北向主轴重要节点位置，建筑分地上 6 层，地下 1 层，主要功能区包括展厅、古文书籍厅、实验室、藏品库房、地下车库，以及公共活动区，能够满足展出、科研、会议等多项需求。

3）山东大学（青岛）博物馆环境监测设备情况

山东大学（青岛）博物馆建成使用不久，现缺少必要环境检测手段，既无无线环境监测平台，也未配备离线环境检测设备，目前馆内仅能通过展厅内已配置恒湿机自配温湿度感应装置了解展柜内温湿度情况，文物保存环境监测能力不足。

4）山东大学（青岛）博物馆展厅情况

展厅小环境控制主要依靠整体空调系统，空调机组为 YORK 空气处理机组，属于水冷式空调，无加湿除湿模块，与新风系统合为一体。空调调控能力有限，尤其冬季展厅温度偏高，最高可达 38℃，通过前期调研，发现展厅空调新风系统存在诸多问题。

山东大学（青岛）博物馆现有 3 个文物展厅对外开放和 1 个临时展厅备用，展出文物基本全部陈列于展览展柜中，展柜分为独立密闭性展柜和沿墙密闭性展柜，钢质骨架，内做密封处理，开闭连接处采用密封条封护。山东大学（青岛）博物馆为新建馆舍，展厅具备一定的微环境保护设施，在展厅小环境调控不稳定的情况下，能够从一定程度上抵御和减缓外界环境对文物的侵蚀作用，但在调查中我们也发现展厅微环境调控仍然存在一定问题。

5）山东大学（青岛）博物馆库房情况

山东大学青岛校区博物馆库房位于建筑 1 层，共分 7 间，每间库房由独立空调机组控制温度，采用的品牌型号及结构方式与展厅空调机组相同，同时也存在相似问题，无除湿模块，夏季环境空气湿度增大时，无法及时除湿，使文物保存环境处于高湿风险中。

6）馆藏文物预防性保护管理现状

山东大学（青岛）博物馆采取典型文物上架、贵重文物进库相结合的保管方式。所有文物严格履行出入库手续，建立出入库档案记录，对入库人员及携带物品进行严格审批和限制，文物借展调拨等严格执行相关审批手续，以确保文物与相关信息安全。

3. 博物馆馆内环境监测与评估

为了解山东大学（青岛）博物馆展厅文物的保存环境情况，2021 年 3 月方案编制组按照《馆藏文物保存环境质量检测技术规范》（WW/T 0016-2008）等标准规范的要求，对山东大学（青岛）博物馆展厅文物保存环境质量进行了调研和检测。此次调查主要针对山东大学（青岛）博物馆展厅及主要库房的环境质量进行现场检测，检测其环境温度、相对湿度、污染物、光照度等指标。

1）温湿度

方案编制组使用温湿度记录仪对山东大学（青岛）博物馆温湿度情况进行了详细的测量，记录了山东大学（青岛）博物馆库房及展厅内的温湿度变化情况（表 2-4）。

表 2-4　博物馆房温湿度监测分析数据

微环境监测分析报告			
检测项：（温度、湿度）			
位置	三号库		
设备编号	AJ3C3	监测时间	2021 年 3 月 9～15 日
本次最低温度	18.6	本次最低湿度	44.4
本次最高温度	23.2	本次最高湿度	65.1
本次平均温度	20.2	本次平均湿度	55.5

监测数据分析图	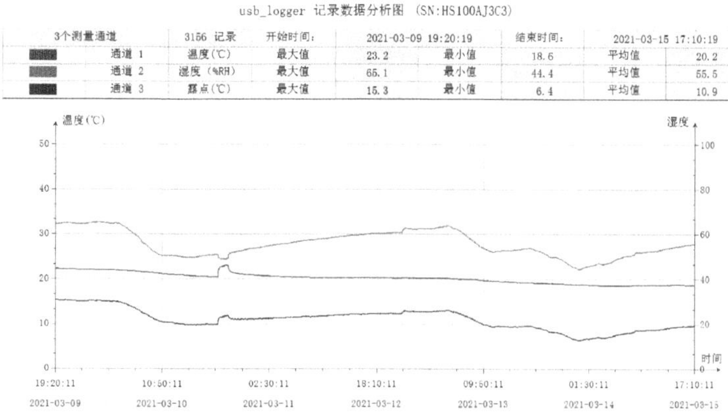
环境监测分析结论	温度波动幅度 4.6℃；湿度波动幅度 20.7%；相对湿度波动较大

2）污染气体

采用甲醛测定仪及 VOCs 检测仪对山东大学（青岛）博物馆污染性气体情况进行简单的测量，记录山东大学（青岛）博物馆库房及展厅的污染性气体情况（表 2-5）。

表 2-5　博物馆污染气体检测表

检测日期 2021 年 3 月 9 日

序号	位置	VOC（mg/m³）	甲醛（ppm）
1	书画厅	0.236	0.005
2	临展厅	0.535	0.023
3	四层文韵齐鲁展厅	0.223	0.024
4	一号库房	0.254	0.013
5	二号库房	0.236	0.005
6	三号库房	0.238	0.019
7	四号库房	0.355	0.012
8	五号库房	0.260	0.022

3）光照

调查组采用紫外辐照计对山东大学（青岛）博物馆光照情况进行简单的测量，记录了山东大学（青岛）博物馆库房及展厅的光照情况（表 2-6）。

表 2-6　光照及紫外辐照量检测表

检测日期 2021 年 3 月 9 日

序号	位置	光照（LUX）（lx）	紫外线（μW/1m）
1	书画厅	39.5	0

序号	位置	光照（LUX）（lx）	紫外线（μW/1m）
2	临展厅	38.2	0
3	四层文韵齐鲁展厅	36.0	0
4	一号库房	17.4	0
5	二号库房	15.6	0
6	三号库房	14.5	0
7	四号库房	13.2	0
8	五号库房	33.8	0

4）综合评估

根据监测结果，发现库房、展厅温湿度极值基本在适宜范围内，但存在波动较大现象。VOCs 和甲醛含量均低于《室内空气质量标准（GB/T 18883—2002）》和《博物馆藏品保存环境试行规范》（征求意见稿）中相关要求。光照和紫外线辐射量均低于我国国家标准《博物馆照明设计规范》（GB/T 23863—2009）和《博物馆藏品保存环境试行规范》（征求意见稿）中相关要求。

5）具体措施

增加离线环境检测手段和无线环境实时监测系统，对文物库房、展厅、重点展柜、重点储藏柜等文物保存环境质量即时检测与实时监测，掌握文物保存环境情况，为文物保存环境调控、科研教学等提供数据支持（表2-7）。

表 2-7　离线检测设备技术参数

序号	名称	主要技术指标	单位	
1	温湿度检测仪	● 测量范围：−20～55℃ /0～100%RH ● 精度：±0.3℃ /±2%RH ● 分辨率：0.1℃ /0.1%RH	台	
2	便携式温湿度、二氧化碳检测仪	● CO_2 测量范围：0～5000ppm ● 温度测量范围：−20～60℃ ● 湿度测量范围：0.1%～99.9% ● CO_2 测量精度：±30ppm ● 温度测量精度：±0.3℃ ● 湿度测量精度：±3%	台	

续表

序号	名称	主要技术指标	单位	
3	便携式照度与紫外合一检测仪	● 检测范围：0.01～10000lux ● 精度：±4% ● 测试波长：365nm ● 动态范围：0.1～1000μW/cm² ● 精度：优于±10% ● 分辨率：0.1μW/cm²	台	
4	温湿度记录仪	● 测量范围：−20～55℃ /0～100%RH ● 精度：±0.4K/±2%RH ● 分辨率：0.1℃ /0.1%RH ● 数据存储容量：100 万个数据 ● 配温湿度记录仪软件	台	
5	VOC 检测仪	● 量程：1ppb～2000ppm ● 分辨率：1ppb ● 精度：10～2000ppm 异丁烯标定点的 ±3%	台	
6	便携式甲醛检测仪	● 量程：0.00～10ppm ● 分辨率：10ppb ● 响应时间：10～60s	台	

馆内三楼临展厅一、临展厅二、四楼《文韵齐鲁——山东大学文物考古成果展》《精致考古——唐仲英基金会资助项目成果展》、二楼《笔墨丹青——韩连琪、张维华捐赠书画展》展厅重点文物展柜微环境调控能力提升，包括展柜气密性改造，增配净化调湿器等，保证文物保存微环境的可调可控（表 2-8）。

表 2-8　净化调湿器技术参数

名称	主要技术指标	
净化调湿机	● 湿度调控精度：≤±2%RH ● 湿度调控范围：25%～70%RH ● 分辨率：0.1%RH ● 调控范围：小型≤6m³；中型≤12m³；大型≤20m³ ● 净化气体类型：氮氧化物，二氧化硫，有机酸，臭氧，VOC 等气态污染物。空气净化质量高，去除效率达到 99.5%，将有毒有害气体分解成无毒无害固体物质，不会产生二次污染	

《笔墨丹青——韩连琪、张维华捐赠书画展》展厅小环境调控能力提升，检修提升该展厅小环境温湿度控制系统，确保该展厅环境的"稳定、适宜"。根据现有的功能区域划分及空调设计行业相关要求参数，确定增加各区域的空调设备的型号、类型及制冷与调控方式。

改善库房内珍贵文物微环境存储条件，购置一批恒温恒湿储藏柜，确保文物保存环境安全，全面提升山东大学博物馆（青岛）的文物保护水平（表2-9）。

表2-9 恒温恒湿储藏柜技术参数

序号	名称	主要技术指标	单位	
1	隔板式恒湿储藏柜	● 日波动范围：±3%RH ● 使用电源：220VAC，50Hz，1A ● 消耗功率：最大200W/平均60W ● 隔板层数根据需要设定，每层隔板高度可自动调整；标准4层	台	
2	抽屉式恒湿储藏柜	● 抽屉个数：10个 ● 样式：高承载钢制柜体，钢板厚度不小于1mm ● 抽屉层数：10抽 ● 控湿范围：25%～70%RH ● 日波动范围：±3%RH ● 使用电源：220VAC，50Hz，1A ● 消耗功率：最大200W/平均60W	台	
3	恒温恒湿储藏柜	● 恒温范围：15～25℃ ● 调控精度：±1℃ ● 恒湿范围：30%～60%RH ● 调控精度：±5%RH ● 供电电压：220VAC/50Hz ● 输入功率：300W ● 标准款为6层层板式	台	

为馆藏书画类文物配置相应数量的卷轴式无酸囊匣，以改善储藏微环境，保证文物囊匣内环境相对湿度的稳定性，减少有害物质对文物的危害（表2-10）。

为方便馆内库房日常管理工作，拟为博物馆库房配备一批文物登高梯和文物转运车等库房辅助设备（表2-11）。

表 2-10　囊匣名称及样式

序号	名称	图示
1	天地盖式囊匣	
2	卷轴式囊匣	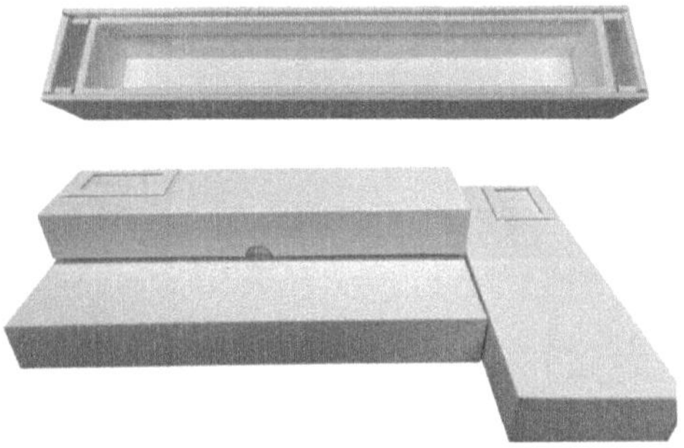
3	摇盖式囊匣	 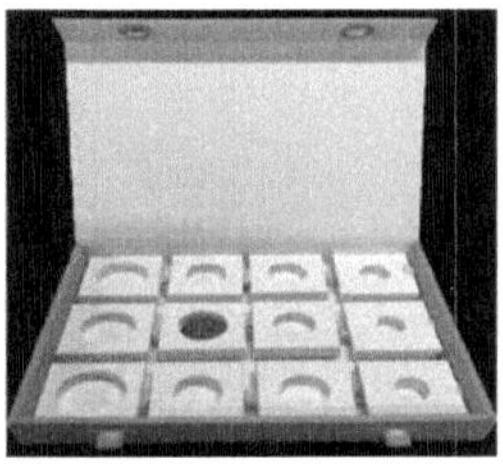
4	折页式囊匣	  
5	函套式囊匣	 

表 2-11　日常库房管理设备一览表

序号	名称	图示
1	文物库房专用登高梯	
2	文物转运车	
3	文物转运箱	

四、结语

预防性保护实施前应做好充分基础调研，调研内容包括博物馆建筑、环境、文物材质、保存展示状态、设备、人员、保存历史等，根据调研结果综合评估，在资金支持范围内，根据"轻、重、缓、急"原则，开展文物保存环境的改造，努力为文物营造一个洁净、稳定的安全保存环境。馆藏文物预防性保护工作应重视成本节约，提倡运行低耗能、维护低成本，确保预防性保护工作的绿色、可持续。

思　考　题

1. 环境因素如何影响文物？
2. 谈谈你对绿色博物馆的认识。
3. 假如你是博物馆工作人员，从哪些方面做好藏品预防性保护工作？

延 伸 阅 读

〔英〕加瑞·汤姆森著，国家文物局博物馆司、甘肃省文物局译：《博物馆环境》，科学出版社，2007年。

〔加〕南森·斯托洛著，宋燕、卢燕玲、黄晓宏等译：《博物馆藏品保护与展览：包装运输、存储及环境考量》，科学出版社，2010年。

〔英〕蒂莫西·阿姆布罗斯、〔英〕克里斯平·佩恩著，王思怡、郭卉译：《博物馆基础》，江苏凤凰文艺出版社，2022年。

〔加〕加拿大文物保护研究所、国际文物保护与修复研究中心著，中国博物馆协会编译：《文化遗产风险管理指南》，江苏凤凰文艺出版社，2022年。

第三章　文物分析测试技术

第一节　概　　述

文物由于受历史上所处环境和人为因素的长期影响，不同程度地受到过各种自然和人为因素损害，尤其是考古发现的出土文物，由于出土时环境剧烈变化，导致一些文物腐蚀和劣化加重。

文物分析测试技术是指通过分析文物物理或化学特性，如光学、电学、热学等来获取物质的微观形貌、化学组成、物相结构等信息。在现代科学理论指导下，利用现代分析技术手段，正确解析、认识和理解几类文物的材质组成（元素组成、物相、显微结构）和现存状态（外观、形态、色彩）描述。

通过不同分析方法可以收集文物不同方面信息。

文物材料构成与制造工艺：研究文物材料质地与特征，探索其制造工艺与技术水平，揭示文物价值和发明创造性。

文物病害判别与劣化机制：研究文物材料、结构所遭受的各种病害和破坏程度，探索病害产生原因与作用机理，为保护处理与修复文物提供科学依据。

文物年代测量与真伪鉴别：研究采用科学手段，测定文物制作年代，确定文物的原真性。

第二节　影像分析技术

一、光学显微分析

光学显微分析是利用可见光观察物体表面形貌和内部结构。透明晶体的观察可利用透射显微镜，依据功能可分为生物显微镜、偏光显微镜等。而对于不透明物体可使用反射式显微镜，依据功能可分为金相显微镜、体式显微镜等。利用偏光显微镜和金相显微镜进行晶体光学鉴定，是研究材料的重要方法（图 3-1）。

二、三维激光扫描技术

三维激光扫描技术是通过三维扫描仪全方位与多角度测量，获取检测对象的三维

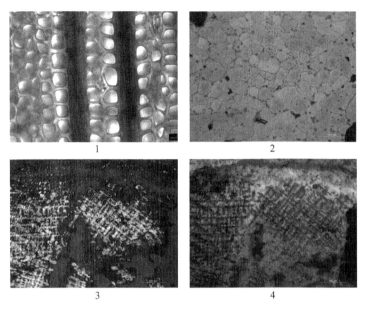

图 3-1　文物光学显微镜照片

1. 木材组织生物显微分析，可清晰观察木材横向切片保存较好的管胞结构　2. 山东济南刘家庄出土商代铜斝（LJZ063）金相显微成像，金相组织为等轴晶结构，器物为铸造成型　3. 山东济南刘家庄出土商代铜戈（LJZ023）金相显微成像，金相组织为树枝晶结构，器物为铸造成型；器物表层存在少量滑移线，疑似经过冷加工处理
4. 山东济南刘家庄出土商代铜戈（LJZ023）偏光显微分析，显示器物腐蚀矿化情况。器物基体腐蚀产物多为红色氧化亚铜，表层腐蚀产物多为绿色碱式碳酸铜

点云数据，再利用 Geomagic 等软件对获取的三维数据依次简化、去噪、删除钉状物、局部平滑、填充小孔、拼合、修补等一系列操作，形成高精度尺寸素模。再借助近景摄影测量建立高清彩色模型，与素模对齐做自动纹理映射等操作，从而建立文物高保真数字化三维模型（图 3-2）。

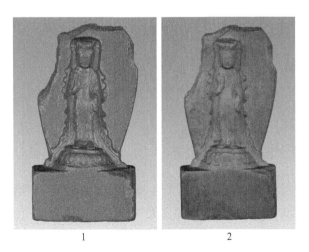

图 3-2　河北黄骅博物馆馆藏北齐菩萨立像三维模型
1. 三维几何模型　2. 三维彩色模型

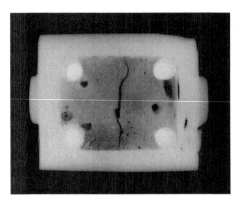

图 3-3 济南市考古研究院藏青铜鼎 X 射线
成像图片

三、X 射线成像技术

在文物研究领域，X 射线成像通常用于提取文物内部信息，如文物内部包含物、文物保存状况、文物内部结构、制作工艺与保护修复情况等（图 3-3）。

四、高光谱成像技术

高光谱成像可获取波长在 400～2500nm 范围内广谱曲线，并同时获取数百个连续波段空间与光谱信息，建立起高维影像立方体，得到包含丰富空间、辐射和光谱三重信息的图像。高光谱成像技术广泛应用于壁画、古籍、纺织品等彩绘文物绘画技法、颜料与墨迹信息与病害状况等方面（图 3-4）。

图 3-4 呼和浩特市博物馆藏明代花变主题佛壁画底稿纹饰[①]

五、三维超景深视频显微成像技术

三维超景深视频显微成像技术将体视和金相显微技术结合于一体，克服了传统显微镜因景深限制而只能观察到平面或小范围深度区域的问题。其应用领域可拓展到光学显微镜和扫描电子显微镜之间（图 3-5）。

六、光学相干断层扫描技术

光学相干断层扫描（OCT）是一种基于弱相干干涉的光学相干层析成像技术，可呈现文物内部显微结构信息。OCT 以超发光二极管发光体为光源，测量不同深度组织

---

① 郭宏、马清林：《馆藏壁画保护技术》，科学出版社，2011 年。

图 3-5　南京大报恩寺出土北宋地宫舍利三维超景深视频显微镜照片
（舍利直径仅 1～2mm，可展示其表面不同景深形貌信息）

所产生的反向散射强度和延搁时间。如瓷器胎釉对光散射能力的差异，表现为不同的
灰度级层次（图 3-6）。

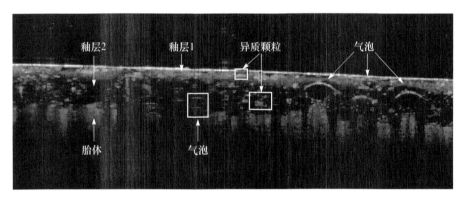

图 3-6　河南禹州钧台窑出土宋代钧瓷样品的 OCT 二维图像 ①
（灰白色衬度的密集散射玻璃相釉层，可能与铜的价态和存在形式有关；
其二为黑色衬度的较均匀玻璃相釉层。釉层中存在较多气泡和异质颗粒，且气泡直径较大）

第三节　文物材质元素组成分析

一、X 射线荧光光谱仪

　　X 射线荧光光谱（XRF）是利用初级 X 射线光子或其他微观粒子激发待测样品中
的原子，使之产生荧光（次级 X 射线）而确定物质成分和化学形态的研究方法，是一
种快速与非破坏式测量方法，可直接检测被测物元素组成，广泛用于金属、玻璃、陶
瓷和玉石等文物分析领域（图 3-7）。

---

① 董俊卿、李青会、严鑫：《基于 OCT 成像技术对常见陶瓷文物断面结构的无损分析》，《自然杂志》2015 年第
37 卷第 5 期。

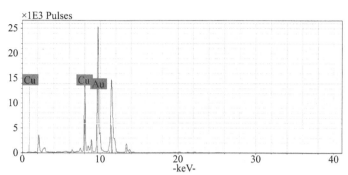

图 3-7　山东省潍坊市寒亭区文物保管所藏鎏金青铜佛像表面鎏金层便携 XRF 分析
（鎏金层含有 Au、Cu 元素）

二、扫描电子显微镜及能谱仪

扫描电子显微镜（SEM）是介于透射电子显微镜和光学显微镜之间的一种微观形貌观察手段，有较高的放大倍数，可直接利用样品表面材料物质性能微观成像。扫描电镜配合能谱仪（EDS）可以同时分析显微组织形貌和微区成分元素种类与含量（图 3-8）。

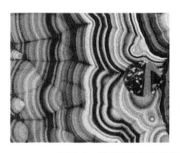
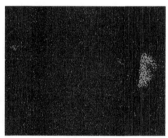
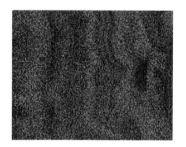

图 3-8　陕西临潼新丰秦墓出土铅钡玻璃珠腐蚀层 SEM 图像与元素面分布扫描图 [①]
（左为 SEM 图，中为 Ba 元素分布图，右为 S 元素分布图）

三、透射电子显微镜

透射电子显微镜（TEM）是一种利用高能电子束作为光源，通过电磁透镜系统聚焦后穿透样品，然后根据透过的电子束强度变化形成图像的微观分析仪器。它能够观察到极细的结构，甚至能达到原子级别的分辨率，因此在材料科学、生物学、纳米技术等多个领域有着广泛的应用（图 3-9）。

四、电感耦合等离子体质谱仪

电感耦合等离子体质谱仪（ICP-MS）是将待测物通过一定形式注入高频等离子体

---

① 王颖竹、王婕、马清林等：《两件秦代铅钡玻璃腐蚀特征研究》，《文物保护与考古科学》2023 年第 1 期。

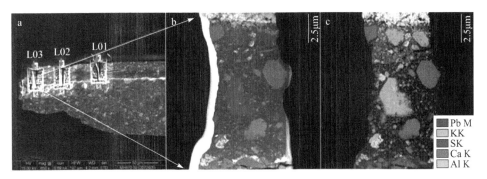

图 3-9　荷兰海牙莫瑞泰斯皇家美术馆 17 世纪《戴珍珠耳环的少女》
面部区域样品 FIB-STEM 分析图[①]

（显示分散许多微小颗粒，主要元素为 Ca、Al、K、S 与 Pb）

中，在高温和惰性气体中蒸发，引起离解、电离和离子化。样品电离后进入四极杆质谱分析器按照荷质比分离，开展定性及定量分析，是一项检出限低的痕量元素分析技术（图 3-10）。

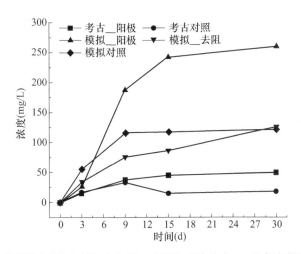

图 3-10　ICP-MS 检测南海Ⅰ号木材经电化学工艺脱除后溶液中 Fe 元素浓度随时间变化曲线图
（发现随时间增长，溶液中 Fe 元素含量趋于稳定）

第四节　文物材质物相组成分析

一、红外光谱仪

红外光谱（FTIR）是分子选择性吸收某些波长的红外线，而引起分子中振动能级

---

① 〔荷〕阿比·范迪维尔等著，马清林、龙莎莎译：《戴珍珠耳环的少女——维米尔所用材料与技法的高技术解析》，科学出版社，2020 年，第 173 页。

和转动能级跃迁，检测红外线吸收情况可得到物质红外吸收光谱，又称分子振动光谱或振转光谱（图3-11）。

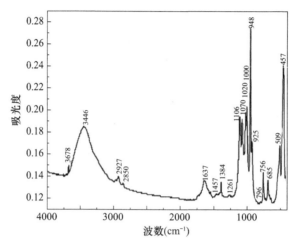

图3-11 湖北京山苏家垄遗址 M88 号墓棺内出土春秋时期玉器红外光谱图
（透闪石玉）

二、拉曼光谱仪

拉曼光谱（Raman）分析法是基于印度科学家 C. V. 拉曼（Raman）所发现的拉曼散射效应，分析与入射光频率不同的散射光谱得到分子振动、转动信息，从而获得分子结构。拉曼光谱可与红外光谱互补，拉曼光谱信息更为丰富（尤其是低波数）、峰更锐、更易识别（图3-12）。

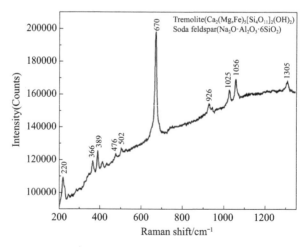

图3-12 湖北京山苏家垄遗址 M88 号墓棺内出土春秋时期玉器拉曼光谱图
（透闪石玉，有长石伴生矿）

三、X 射线衍射仪

晶体是由原子规则排列成的晶胞组成，其原子间距离与入射 X 射线波长数量级相同，故不同原子散射的 X 射线相互干涉，在某些特殊方向上产生强 X 射线衍射。X 射线衍射线在空间分布的方位和强度，与晶体结构密切相关，每种晶体所产生的衍射花样都反映出该晶体内部的原子分配规律。将实验获得的 X 射线衍射图谱与标准图谱比较，即可确定待定物物相结构（图 3-13）。

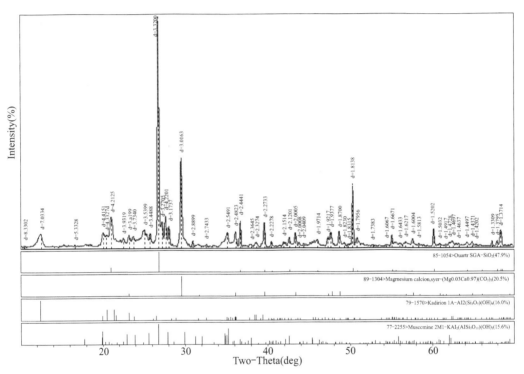

图 3-13　澳门大三巴遗址旧城墙夯土 X 射线衍射图

［夯土物相组成：SiO_2（47.9%）、$CaCO_3$（20.5%）、$KAl_2Si_3O_{10}(OH)_2$（15.6%）、$Al_2Si_2O_5(OH)_4$（16%）］

四、宏观 X 射线粉末衍射仪

宏观 X 射线粉末衍射（MA-XPRD）可在原位通过透射模式或反射模式，无损鉴别、定位和定量分析文物表面结晶化合物和降解产物。利用反射模式可提高文物表面检测的敏感性，而采用透射模式则更能深度分析文物化合物组成信息。如检测画作《戴珍珠耳环的少女》时，使用单频 Cu-KαX 射线源反射模式扫描文物，鉴别出画作颜料成分、惰性金属黏合剂、历史修复产物，以及表面降解产物：石膏、草酸钙和硫酸铅钾；使用透射模式则能更佳反映画作底层颜料信息（图 3-14）。

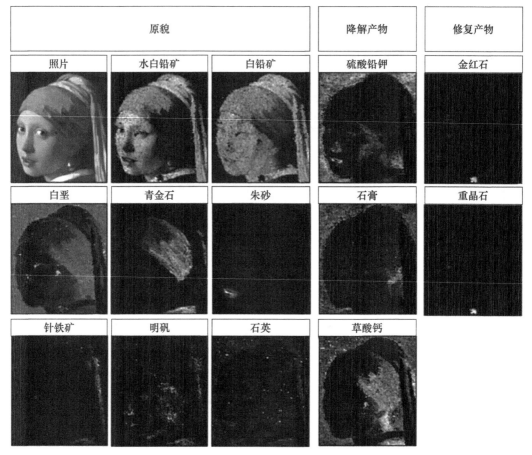

图 3-14　荷兰海牙莫瑞泰斯皇家美术馆藏 17 世纪《戴珍珠耳环的少女》面部区域 MA-rXRPD 图像^①
（识别出初始颜料、媒染剂明矾、降解产物和修复产物）

第五节　其他分析技术

一、裂解－气相色谱／质谱联用仪

裂解－气相色谱／质谱联用仪（Py-GC/MS）是将高分子样品在惰性气体保护下高温裂解气化，裂解产物随即进入 GC/MS 系统充分分离并识别，最后根据裂解产物信息还原样品分子结构及组成信息。可避免样品处理中待测组分流失，实现多种材料识别（图 3-15）。

---

① 〔荷〕阿比·范迪维尔等著，马清林、龙莎莎译：《戴珍珠耳环的少女——维米尔所用材料与技法的高技术解析》，科学出版社，2020 年，第 138 页。

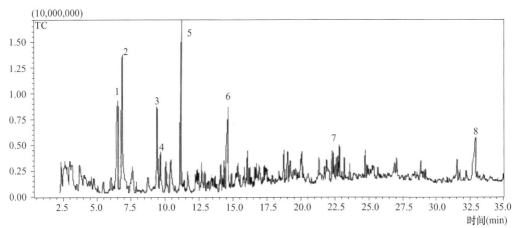

峰号	RT	峰面积(%)	化合物英文名称	中文名称
1	6.529	12.86	Pyrrole	吡咯
2	6.841	14.81	Toluene	甲苯
3	9.433	8.89	2-methyl-1H-Pyrrole	2-甲基吡咯
4	9.665	2.32	3-methyl-1H-Pyrrole	3-甲基吡咯
5	11.18	15.07	Styrene	苯乙烯
6	14.653	12.89	2-Cyclohexen-1-one	2-环己烷-1-酮
7	22.338	2.86	5H-Pyrrolo(3,2-d)pyrimidin-4-amine	吡咯衍生物
8	32.83	8.25	Hexahydro-Pyrrolo[1,2-a]pyrazine-1.4-dione	吡咯衍生物

图 3-15　山东青州香山汉墓出土彩绘陶马腿胶接物样品 Py-GC/MS 分析结果 [①]
（样品可能有蛋白质类化合物）

二、^{14}C 测年

^{14}C 是碳元素的一种放射性同位素，由宇宙射线撞击空气中氮原子所产生。它在空气中迅速氧化，形成二氧化碳并进入全球碳循环。动植物一生中都从二氧化碳中吸收 ^{14}C。当它们死亡后，立即停止与生物圈碳交换，其 ^{14}C 含量开始减少，减少速度由放射性衰变决定。放射性碳定年本质上是一种用来测量剩余放射能的方法。通过了解样品中残留 ^{14}C 含量，就可以知道有机物死亡年龄。^{14}C 测年可通过树木年轮校正。

三、热释光测年

热释光是陶瓷器中放射性杂质和周围环境发出的微弱核辐射，通过长期作用在陶瓷器中产生的一种积累效应（表3-1）。

陶瓷器在烧制过程中，经过高温，黏土中矿物晶体释放原来贮藏的热释光。热释

---

① 魏书亚、马清林、Manfred Schreiner：《山东青州香山西汉墓彩绘陶俑胶接材料研究》，《文博》2009年第6期。

光不同于一般加热后的炽热发光，它是放射性能量储存的标志。释放完后，晶体继续接受、贮藏大小恒定固定辐射能，这些辐射能是陶瓷器烧成后开始增加的，可以作为陶瓷器年龄标志。陶瓷器热释光总年剂量与陶瓷器烧制后产生时间成正比。

表 3-1　耀州窑瓷器热释光年代数据表 [①]

所属窑址	古剂量 /mGy	年剂量 /（mGy/a）	TL 年代公元	所属朝代
耀州窑	4443	3.95	873 ± 111	唐
耀州窑	4582	3.89	829 ± 121	唐
耀州窑	4550	3.86	907 ± 41	唐

思 考 题

1. 文物分析测试技术有哪几个方面？
2. 通过分析测试技术可以获得文物哪些信息？
3. 面对一件文物时，如何选择分析技术获取文物信息？

延 伸 阅 读

马清林、苏伯民、胡之德、李最雄编著：《中国文物分析鉴别与科学保护》，科学出版社，2001 年。

柯以侃、董慧茹：《分析化学手册 3B 分子光谱分析》（第三版），化学工业出版社，2016 年。

〔荷〕阿比·范迪维尔等著，马清林、龙莎莎译：《戴珍珠耳环的少女－维米尔所用材料与技法的高技术解析》，科学出版社，2020 年。

---

① 吴婧玮、夏君定、龚玉武等：《耀州窑瓷器的热释光特性研究及年代测定》，《文物保护与考古科学》2016 年第 4 期。

第四章　文物保护实践

第一节　青铜文物保护

铜是人类历史上最早通过冶炼而使用的金属之一，在铸铜过程中加入适当锡、铅等可降低铜的熔点、增加流动性与充型性能、提高铜合金器的硬度。

一、青铜文物常见材质类型与组织结构

中国铜质文物的成分有自然铜及红铜、铅锡青铜、锡青铜、铅青铜、砷铜、锑青铜、镍白铜、黄铜等成分类别。

1. 铜质文物成分类别

自然铜及红铜：含铜量 98%～99%，也称 "纯铜"。

铅锡青铜：古代称 "金" 或 "吉金"，铜中加入锡或铅等其他金属元素，一般以含量 2% 作为划分某元素是否有意加入来划分青铜合金类型[①]，可分为铅锡青铜、锡青铜以及铅青铜。

砷铜：铜砷二元合金，也包含砷含量超过 2% 的砷锡青铜、锑砷青铜、铅砷青铜和铅砷锡青铜等。

锑青铜：中国青铜器有不少含有一定量锑的青铜器，铜锑二元合金很少，一般锑是冶炼多金属共生铜矿带入的元素，多与铜中铅、砷、铋、锡等元素共存，形成多元铜合金。

白铜：现代金属学定义铜镍二元合金为白铜，因为当镍含量超过 15%，其颜色呈银白色。古代白铜除了铜镍二元合金外，还包括铜镍锌三元合金，统归为镍白铜类。当砷含量超过 10%，其颜色也呈银白色，古代将含砷高的铜砷合金也称为白铜或砷白铜。

黄铜：铜锌二元合金或铜锌铅三元合金。

2. 青铜文物合金组织

青铜文物成分类别有铅锡青铜、锡青铜，以及铅青铜，其中铅锡青铜和锡青铜为

---

① 孙淑云、韩汝玢、李秀辉：《中国古代金属材料显微组织图谱（有色金属卷）》，科学出版社，2011 年，第 6 页。

两种主要的成分类别。

1) 锡青铜铸造组织

锡青铜铸造组织与锡含量有直接关系。铜锡 α 固溶体中锡的最大溶解度理论值为15.8%，实际要低于此值。一般铸造条件下的铜锡合金偏离平衡状态图，α 相界移向铜侧 [1]。根据 D. Hanson 和 W. T. Pell-Walpole 研究："快冷条件下含有 5% 锡青铜铸件及一般铸造条件下锡含量 7% 的大型铸件室温组织应是偏析的 α 固溶体析晶。锡含量高于5% 或 7%，青铜铸件组织中就会出现（α+δ）共析体 [2]。随含锡量增加（α+δ）的数最增多，（α+δ）形态增大。浇注冷却速度也是影响金相组织的因素，（α+δ）数量与形态随冷却速度不同而变化。根据锡含量可大致将古代锡青铜划分为高锡和低锡两类，含锡量小于 17% 的为低锡青铜，这是锡能溶解在富铜固溶体中的最大理论极限值。实际上，固溶体的锡极限溶解度为 14% 左右 [3]。

a. 含锡量 7% 以下的铸造锡青铜组织 [4]

含锡量 7% 以下的铸造锡青铜组织一般为单相 α 固溶体，偏析程度随锡含量及含有的微量元素种类和含量不同而变化。

b. 含锡量 7% 以上的铸造锡青铜组织 [5]

含锡量 7% 以上的铸造锡青铜组织出现（α+δ）共析体。（α+δ）的数量与形态随冷却速度不同而变化。随含锡量增加，（α+δ）共析体数量增加、形体变大。含锡量超过 23% 的高锡青铜，组织不再以 α 固溶体为基体，α 相呈现两端尖锐的条状、针状分布于（α+δ）共析体基体上。当含锡量在 28% 以上时，显微组织由 δ+（α+δ）组成。

此外，含锡量相近，铸造锡青铜的显微组织与铸件冷却速度有关，铸件冷却速度快，α 固溶体树枝细且偏析明显，冷却速度慢，α 固溶体树枝晶粗大，晶内偏析减小。

2) 铅锡青铜铸造组织 [6]

在固态下，铜和铅互溶非常有限，显微组织显示铅以游离相存在。铅锡青铜的铸造组织，随着铅含量不同和浇注冷凝方式、铸件冷却速度的差异，铅的尺寸、形状、分布均有不同。一般观察到的铅呈颗粒状、细枝状、粗大块状、球状、椭球状等。铅的分布有弥散均匀的、有聚集不均匀的、有沿一定方向排列的，还有因密度偏析造成同一件器物不同部位铅形状和分布截然不同的情况。

---

[1] 孙淑云、韩汝玢、李秀辉：《中国古代金属材料显微组织图谱（有色金属卷）》，科学出版社，2011 年，第 25 页。

[2] Hanson D, Pell-Walpole W T. *Chill-Cast Tin Bronzes*. Edward Arnold & Co, 1951.

[3] 〔美〕大卫·斯考特著，田兴玲、马清林译：《古代和历史时期金属制品金相学与显微结构》，科学出版社，2012 年，第 25 页。

[4] 孙淑云、韩汝玢、李秀辉：《中国古代金属材料显微组织图谱（有色金属卷）》，科学出版社，2011 年，第 26 页。

[5] 孙淑云、韩汝玢、李秀辉：《中国古代金属材料显微组织图谱（有色金属卷）》，科学出版社，2011 年，第 28～29 页。

[6] 孙淑云、韩汝玢、李秀辉：《中国古代金属材料显微组织图谱（有色金属卷）》，科学出版社，2011 年，第 71～89 页。

青铜中铅尺寸、形状及分布状态对器物性能有较大影响。随着合金中含铅量的增加，显微组织中铅由细小分散的颗粒逐渐发展为大的枝晶形、球形。铅以小颗粒状或细枝晶状均匀分布较为理想，而聚集分布的大尺寸球状和块状铅对基体割裂作用增大，造成青铜合金抗拉强度和抗冲击值下降。若要使铅在青铜中获得较好分布状态，应当控制铅添加量，同时在青铜熔化后充分搅拌再浇注，浇注后应当快速冷却。

a. 低铅锡青铜（Pb<10%，Sn<17%）

此类青铜组织特点是铅颗粒均匀分布于晶粒间界或枝晶间隙，彼此孤立分散。（α+δ）共析组织数量和形态大小随锡含量增加而增加，此外也和铸件冷却速度有关。

b. 低铅高锡青铜（Pb<10%，Sn>17%）

此类青铜组织特点是铅数量较少，多呈颗粒状分散分布于枝晶间隙。有大量（α+δ）共析组织。随锡含量增加，（α+δ）共析体数量增加，形态变大，甚至连接成网络状。锡含量超过27%时，组织为δ+（α+δ）。

c. 高铅低锡青铜（Pb>20%，Sn<17%）

此类青铜组织特点是（α+δ）共析组织或δ相数量随含锡量增加而增多，形状及分布状态随含锡量及铸件冷却速度不同而变化。而铅形态大小各异，大颗粒铅数量多，有大的球状或椭球状铅存在。

含锡量小于7%的锡青铜室温下铸态应为α单相组织。在铸造凝固过程中，铜锡合金液，固相成分差异大，析出的α固溶体由于锡在铜中的固态扩散慢而产生枝晶偏析，早结晶的主干含锡低而后结晶的枝间含锡高。

7%<锡含量<17%的青铜组织中均有（α+δ）共析组织或δ相存在。随着锡含量增加（α+δ）共析体数量增多，形态增大。而铅形态大小不等，大的球状或椭球状铅存在。

d. 高铅锡青铜（Pb>20%，Sn>17%）

此类青铜由于含锡高，组织中有大量（α+δ）共析组织并互相连接成网络状。由于含铅高，有大量尺寸较大的球状铅存在。有时由于球状铅在制样时脱落，留下球状空洞，致使成分分析显示铅含量偏低。

e. 其他含量的铅锡青铜（10%<Pb<20%，10%<Sn<17%）

此类青铜铅锡含量多在15%左右，铜锡α树枝晶偏析明显；（α+δ）共析组织较多，形态根据冷却速度不同，尺寸大小有别。铅一般呈较大颗粒状，分布较均匀，但也有出现少量球状铅的现象。

二、青铜文物腐蚀产物分析检测

1. 青铜文物腐蚀产物

青铜器主要腐蚀产物有氧化物、硫化物、氯化物、硫酸盐、碳酸盐、磷酸盐等。赤铜矿、黑铜矿、孔雀石、蓝铜矿等腐蚀产物属性稳定。氯化亚铜、碱式氯化铜等称为"粉状锈"，能够继续产生新的腐蚀，是青铜器长期保存有危害的锈蚀产物（表 4-1）。

表 4-1　青铜器主要腐蚀产物 [1][2]

类别	矿物名称及分子式	晶系	颜色
氧化物与氢氧化物	Cu_2O（赤铜矿 cuprite）	立方晶系	亚金属红色
	CuO（黑铜矿 tenorite）	单斜晶系	金属灰黑色
	SnO_2（锡石）	四方晶系	白色
	$Cu(OH)_2$（斯羟铜矿 spertiniite）	通常为无定型	蓝绿色
碱式碳酸铜	$CuCO_3 \cdot Cu(OH)_2$（孔雀石 malachite）	单斜晶系	淡绿色
	$2CuCO_3 \cdot Cu(OH)_2$（蓝铜矿 azurite）	单斜晶系	玻璃蓝
	$CuCO_3 \cdot Cu(OH)_2$（水羟碳铜矿 georgeite）	单斜晶系	淡蓝色
	$Na_2Cu(CO_3)_2 \cdot 3H_2O$（碳铜钠石 / 蓝铜钠石 chalconatronite）	单斜晶系	绿蓝色
	$(Cu,Zn)_2CO_3(OH)_2$（锌孔雀石 rosasite）	单斜晶系	蓝绿色
	$(Cu,Zn)_5(CO_3)_2(OH)_6$（绿铜锌矿 aurichalcite）	正交晶系	珍珠淡绿色
	$(Cu,Zn)_3(CO_3)(OH)_4 \cdot 4H_2O$（克水碳锌铜石 claraite）	六方晶系	半透明蓝
氯化物与碱式氯化物	$CuCl$（铜盐 / 氯化亚铜 nantokite）	立方晶系	淡绿色
	$Cu_2(OH)_3Cl$（氯铜矿 atacamite）	斜方晶系	玻璃绿色
	$Cu_2(OH)_3Cl$（副氯铜矿 paratacamite）	斜方六面体	淡绿色
	$Cu_2(OH)_3Cl$（斜氯铜矿 clinoatacamite）	单斜晶系	淡绿色
	$Cu_2(OH)_3Cl$（羟氯铜矿 botallackita）	单斜晶系	淡蓝绿色
	$(Cu,Zn)_2(OH)_3Cl$（锌副氯铜矿 anrakita）	斜方六面体	亮绿色
	$NaCaCu_5(PO_4)_4Cl \cdot 5H_2O$（氯磷纳铜矿）	斜方晶系	蓝绿色
碱式硫酸盐	$CuSO_4 \cdot 5H_2O$（蓝矾 / 胆矾 chalcanthite）	三斜晶系	深蓝色
	$Cu_4SO_4(OH)_6$（水胆矾 brochantite）	单斜晶系	玻璃绿色
	$Cu_3SO_4(OH)_4$（羟铜矾 antlerite）	斜方晶系	玻璃绿色
	$Cu_4SO_4(OH)_6 \cdot H_2O$（一水蓝铜矾 posnjakite）	单斜晶系	玻璃绿色
	$CuSO_4 \cdot 3H_2O$（三水胆矾 bonattite）	单斜晶系	灰蓝色
	$Cu_{2.5}(OH)_3SO_4 \cdot 2H_2O$（Strandberg 化合物 Strandberg's compound）	单斜晶系	灰绿色
	$Cu_4SO_4(OH)_6 \cdot 2H_2O$（蓝铜矾 langite）	单斜晶系	绿蓝色
	$Cu(NH_4,SO_4)_2 \cdot 6H_2O$（Tutton 盐 Tutton's salt）	—	—
	$(Cu,Zn)_7(SO_4,CO_3)_2(OH)_{10} \cdot 3H_2O$（羟碳锌铜矾 schulenbergite）	斜方六面体	珍珠光般绿蓝色

① 〔美〕大卫·斯考特著，马清林、潘路译：《艺术品中的铜和青铜：腐蚀产物·颜料·保护》，科学出版社，2012 年，第 61～243 页。
② 国家文物局博物馆与社会文物司：《博物馆青铜文物保护技术手册》，文物出版社，2014 年，第 35 页。

续表

类别	矿物名称及分子式	晶系	颜色
碱式硫酸盐	$Pb_4Cu(CO_3)(SO_4)$（合成化合物 synthetic compound）	—	—
	$Cu_2Pb_5(SO_4)_3CO_3(OH)_6$（铅蓝矾 caledonite）	斜方晶系	树脂状绿色 / 蓝绿色
	$Pb(FeCuAl)_3(SO_4)_2(OH)_6$（铜铅铁矾 beaverite）	斜方六面体	蓝绿色
	$Cu_6Al(SO_4)Cl(OH)_{12}\cdot 3H_2O$（氯铜铝矾 spangolite）	六方晶系	蓝绿色
	$Cu_6Fe(SO_4)_2(OH)\cdot 4H_2O$（四水铜铁矾 guildite）	单斜晶系	黄棕色
	$CaCu_4(SO_4)_2(OH)_6\cdot 3H_2O$（钙铜矾 devilline）	单斜晶系	珍珠般绿色
	$Cu(NH_4,SO_4)_2\cdot 2H_2O$（水合铵基硫酸铜 ammonium copper sulfate hydrate）	—	—
铜的硫化物	Cu_7S_4（斜方蓝铜辉矿 anilite）	斜方晶系	金属光泽，浅蓝灰色
	Cu_2S（低辉铜矿 low chalcocite）	六方晶系	金属光泽，浅蓝灰色
	Cu_2S（高辉铜矿 high chalcocite）	四方晶系	金属光泽，黑灰色
	Cu_2S（辉铜矿 chalcocite）	六方晶系	金属光泽，浅黑灰色
	CuS（铜蓝 covellite）	六方晶系	亚金属光泽，蓝色
	$Cu_{1.8}S$（低蓝辉铜矿 low digenite）	斜方晶系	蓝色或黑色
	$Cu_{1.96}S$（久辉铜矿 djurleite）	单斜晶系	金属光泽，灰色
	$Cu_{1.6}S$（吉硫铜矿 geerite）	立方晶系	金属光泽，蓝白色
	$Cu_{1.78}S$（如硫铜矿 roxbyite）	单斜晶系	金属光泽，蓝灰色
	$Cu_{1.32}S$（斯硫铜矿 spionkopite）	斜方晶系	金属光泽，蓝灰色
	$Cu_{1.2}S$（雅硫铜矿 yarrowite）	斜方晶系	金属光泽，浅蓝灰色
铜的磷酸盐	$Cu_2(PO_4)(OH)$（磷铜矿 libethenite）	斜方晶系	深浅不一的橄榄绿色
	$Cu_3(PO_4)(OH)_3$（蓝磷铜矿 cornetite）	斜方晶系	蓝绿色
	$Cu_2(PO_4)_2(OH)_4$（假孔雀石 pseudomalachite）	单斜晶系	透明的绿色
	$Cu_2PO_4(OH)\cdot H_2O$（纤磷铜矿 tagilite）	单斜晶系	透明的绿色
	$Cu_5(PO_4)_2(OH)_4$（陆羟磷铜石 ludjibaite）	三斜晶系	透明的蓝绿色
	$NaCaCu_5(PO_4)_4Cl\cdot 5H_2O$（氯磷钠铜矿 sampleite）	斜方晶系	珍珠光泽的亮蓝色
	$Cu_3Al_4(PO_4)_3(OH)_9\cdot 4H_2O$（水磷铝铜石 zapatalite）	四方晶系	半透明的淡蓝色
	$Cu_3(PO_4)_2\cdot xH_2O$（含水磷酸盐 hydrated synthetic basic phosphate）	未知	—
	$CuAl_6(PO_4)(OH)_8\cdot 4H_2O$（绿松石 turquoise）	三斜晶系	透明的蓝绿色
	$CuFe_6(PO_4)(OH)_8\cdot 4H_2O$（磷铜铁矿 chalcosiderite）	三斜晶系	透明的亮绿色
	$(Zn,Cu)Al_6(PO_4)_4(OH)_8\cdot 4H_2O$（锌绿松石 faustite）	三斜晶系	蜡状的暗苹果绿色
铜的硝酸盐	$Cu_2(NO_3)(OH)_3$（铜硝石 gerhardtite）	斜方晶系	透明的绿色
	$Cu_3(NO_3)(OH)_5\cdot 2H_2O$（羟磷硝铜矿 likasite）	斜方晶系	半透明的蓝色
	$Cu_{18}(NO_3)_2(OH)_{32}\cdot Cl_3H_2O$（毛青铜矿 buttgenbachite）	六方晶系	玻璃质的蓝色
	$(Cu,Al)_2H_2Si_2O_5(OH)_4\cdot xH_2O$（硅孔雀石 chrysocolla）	—	透明的土绿色

续表

类别	矿物名称及分子式	晶系	颜色
铜的硅酸盐	$CaCuSi_4O_{10}$（硅钙铜矿 cuprorivaite）	—	透明的蓝色
	$CuSiO_3 \cdot H_2O$（绿铜矿 dioptase）	—	透明的绿色
	$Cu_8（Si_4O_{11}）_2（OH）_4 \cdot H_2O$（纤硅铜矿 plancheite）	—	半透明的蓝色
	$Cu_5（SiO_3）_4（OH）_2$（羟硅铜矿 shattuckite）	—	半透明暗蓝色
铜的有机盐	铜的甲酸盐		
	铜的醋酸盐		

2. 青铜文物腐蚀产物检测方法 [①]

青铜器保护处理前，应依据检测数据对其腐蚀程度及病害状况进行必要评估。检测对象包括青铜本体、锈蚀产物及其他附着物。

（1）通过 X 光探伤（CT 成像等技术）可使研究者透视器物的内部，获取更为直观准确的内部情况影像。清晰准确地辨认青铜文物铭文、纹饰、铸造工艺信息以及文物的矿化程度、修复痕迹等现状信息。

（2）可采用体视显微镜和三维视频显微镜观察青铜器整体腐蚀形貌。两种显微镜均可观察器物表面的特征，如制作工艺痕迹、铭文、纹饰和各种附着的考古痕迹、残留物等微观信息，也可用于观察锈蚀产物的形貌特征，包括锈蚀的颜色、致密程度和颗粒形状等信息。

（3）对于青铜器样品分析，通常采用 X 射线荧光分析（XRF）、扫描电镜与能谱仪（SEM-EDX）、电感耦合等离子体发射光谱分析仪以及质谱仪（ICP-AES 和 ICP-MS）。

（4）样品物相组成可采用 X 射线衍射（μXRD）与显微拉曼光谱（Raman）。显微镜、SEM-EDX 和拉曼光谱等同时应用于带有锈蚀断面样品的分析。可得到样品不同层次腐蚀物及分布。

3. 青铜文物腐蚀产物分析方法选择

样品采集、分析方法选择以及各种方法使用顺序则应依据器物自身特点来决定。有条件情况下，首先应对青铜器本体进行 X 光透视，以初步判断金属文物的矿化和完残程度、铸造缺陷、前修复痕迹、金属文物表面覆盖物或包裹物之下的铭文和纹饰等文物相关信息，显示金属器物的制作工艺等。之后根据实际情况再对器物表面残留考古痕迹和腐蚀产物进行形貌观察、成分和物相检测。以文物最小干预的保护原则，文物分析检测优先考虑无损或微损检测方法。必须取样时，尽可能在文物残片或不重要部位采样。在文物上取样时，要综合考虑文物情况、研究需求、取样量来选择取样点，同时所取样品应能反映器物整体情况，满足病害评估需求。在经过保护修复处理的文

[①] 国家文物局博物馆与社会文物司：《博物馆青铜文物保护技术手册》，文物出版社，2014 年，第 39 页。

物上取样要避免前人处理过的部位，如果了解处理所用材料，在处理过的部位采集样品。

三、青铜文物病害

青铜文物病害主要有残缺、断裂、裂隙、变形、层状堆积、孔洞、表面硬结物、矿化、点腐蚀、微生物损害等。

详细分类与界定详见《馆藏青铜质和铁质文物病害与图示 GB/T 30686-2014》《可移动文物病害评估技术规程金属类文物 WW/T 0058-2014》。

四、青铜文物保护方案编制程序

保护修复方案的编制必须按照国家文物局颁布的行业标准《馆藏金属文物保护修复方案编写规范》编写。

（1）文物价值的评估：利用考古资料和文献，结合现状评估信息，评估青铜器的历史、科学、艺术价值以及社会文化价值。价值评估过程，可邀请考古学家和艺术史研究人员共同评价。对于有极高价值的青铜器，应该进一步开展深入的研究。

（2）青铜器病害分析、调查：主要运用肉眼、显微观察、X 光透视或 CT 扫描分析解读器物宏观信息，依据观察和分析结果绘制病害图，运用偏光显微镜、X 射线荧光、X 射线衍射、红外光谱、拉曼光谱等技术，分析青铜器表面锈蚀形貌、锈蚀成分和结构，尤其关注氯化物锈蚀产物和腐蚀产物类型，利用金相显微镜、能谱仪、X 射线荧光及扫描电子显微镜等技术，分析青铜器合金成分和显微结构，判断青铜器的合金类型、相分布及对腐蚀产生的影响作用。

（3）保存现状的评估：依据对青铜病害的分析结果确认器物处于基本完好、轻度腐蚀、中度腐蚀、重度腐蚀还是濒危状态。

（4）保护修复方法选择：基于不同的保存环境条件选择相应的保护处理方法和材料；依据详细观察结果和 X 光透视或 CT 扫描信息确定器物扭曲、残破、断裂（铸造缺陷、暗裂纹、腐蚀程度、被锈蚀掩盖的铭文、纹饰等）的程度，从而采取必要的修复技术。

（5）保存环境：保护修复后，关注保存环境条件和装具囊匣。

在保护工作中强调使用成熟的保护技术，保护人员或学生可以参阅《博物馆青铜文物保护技术手册》等成果。

五、案例：山东济南刘家庄出土青铜器保护

项目名称：山东济南刘家庄出土青铜器保护

文物名称：保护修复青铜器共计 162 件，主要为刘家庄遗址 M121、M122 两墓葬

出土春秋时期乐器、礼器、兵器、车马器等

　　收藏机构：济南市考古研究院

　　保护机构：山东省文物保护修复与鉴定中心

　　保护时间：2018 年

　　保护人员：蔡友振、王雪凝、王云鹏、郭俊峰、刘建国、文凤浩等

1. 前言

　　刘家庄遗址是济南市区内首次发现并发掘的商代遗址，出土了大量青铜器，并发现大量铭文，具有极大的研究价值。发掘表明，晚商时期刘家庄区域居住着至少一支与商都殷墟有密切关系的氏族。这次发掘再次验证了济南在商代的重要位置，刘家庄遗址成为继大辛庄、长清小屯遗址后又一处重要的商代遗址，为山东地区商代政治、经济格局的研究提供了重要的资料，同时对研究济南的城市变迁也有重大意义

　　项目所修复青铜器共计 162 件，主要为刘家庄遗址中 M121、M122 两墓葬出土，器物形制和纹饰均在殷墟中较为常见，多数器物纹饰、器形特征参考殷墟时期器物，墓葬时代为殷墟三期。该批青铜器量大而精美、种类丰富、基本涵盖了古代青铜器的各个种类，为春秋时期乐器、礼器、兵器、车马器等青铜文物的形制、功能（组合）、纹饰、铸造工艺研究提供了新的实物资料，具有十分重要的历史、科研和艺术价值，对商代历史及墓葬制度等相关研究具有重要意义（表 4-2）。

表 4-2　保护修复青铜器信息表（部分）

序号	原始编号	文物名称	文物来源	残损状况	尺寸（厘米）	重量（千克）
1	M109：13	商铜爵	发掘	柱、柄残缺	流长 7.38、柱残高 2.83、足高 7.59、口宽 8.29	0.553
2	M122：37	商铜戈	发掘	内刃部微残	援长 17.1、最宽处 6.9、厚 0.4～0.7	0.232
3	M122：34	商铜觯盖	发掘	口部稍残	口径 8、高 5.6、直径 7.98、最大径 8.49	0.262
4	M121：17	商铜戈	发掘	完整	内长 9.5、最宽处 7.3、厚 0.15～0.5	0.199
5	M121：37	商铜爵	发掘	微残	流长 7.46、流宽 3.98、柱高 2.77、鋬长 5.54、鋬高 2.9、足高 2.9、足间距 7.99	0.740
6	M121：57	商铜扁足鼎	发掘	完整	口径 12.8、足高 7.4、足间距 6.6、耳间距 11.8、耳高 1.9、足厚 0.63	0.685
7	M121：51	商铜鼎	发掘	基本完整	耳高 3.3、耳距 13.7、足高 6.64、足径 2.2、足间距 7.75	2.141

2. 文物病害评估

　　这批青铜器来源为抢救性考古发掘，出土后存在多种病害现象。依据《馆藏青铜质和铁质文物病害与图示》（GB/T 30686-2014），开展青铜器的保存现状调查，主要病

害类型有以下几种类型。

1）表面硬结物

铜器表面及内部覆盖硬质土锈或钙化物，局部锈蚀较厚实，甚至完全覆盖器物表面，少数器物纹饰或铭文被硬质覆盖层完全遮盖。如铜爵（93- 无编号）覆盖有硬质土黄色锈蚀物，局部腐蚀层脱落呈凹坑状，纹饰因硬结物遮盖模糊不清，严重影响文物展示效果（图 4-1）。

图 4-1　铜爵（93- 无编号）表面硬结物

2）有害锈

青铜器存在有"粉状锈"侵蚀现象。有害锈蚀表现形式多样，有局部点状、点状连成大面积片状及内壁夹层缝隙锈蚀。这些器物多是在土壤的长期埋藏过程中，已经滋生粉状锈，后期存放过程中在大气、温度和水气的作用下，腐蚀过程加剧。如铜戈（47-03155）在内部与阑结合处两侧可见浅绿色点状腐蚀，腐蚀呈粉末状，质地疏松。铜爵（69-03177）略呈三角形的尾尖端残缺，断面可见浅绿色夹层有害锈蚀（图 4-2）。

1　　　　　　　　　　2

图 4-2　铜器有害锈
1. 铜戈（47-03155）点蚀锈　2. 铜爵（69-03177）夹层有害锈

3）变形

少数青铜器在地下埋藏过程中，因受外力作用局部受挤压开裂变形，且器物局部出现扭曲、断裂，甚至由于变形严重出现断裂现象（图 4-3）。

1　　　　　　　　　　2

图 4-3　青铜器变形
1. 铜甗（78-03186）　2. 铜罍（63-03171）

图 4-4　铜鼎（85-03193）局部残缺

4）残缺

青铜器存在不同程度残缺，个别器物大面积残缺，且重要部位如纹饰、饰件处缺失严重。如铜鼎（85-03193）内壁覆盖有大量泥土等附着物，口沿及腹部存在大面积残缺，且器表因腐蚀导致多处呈坑状缺失，纹饰残缺严重且局部模糊不清（图 4-4）。

5）通体矿化

部分青铜器锈蚀严重，整体酥粉脆弱，铜基本锈蚀殆尽呈通体矿化状态。如铜觚（113- 无编号）仅残留中部一段与底部残块，从保留的残缺面观察，基本无铜基体，器物完全矿化。方鼎（76-03184）一足锈蚀凸起呈鼓包状，锈蚀开裂且有竖向裂纹分布（图 4-5）。

1　　　　　　　　　　2

图 4-5　青铜器通体矿化

1. 铜觚（113- 无编号）　2. 方鼎（76-03184）足部

6）断裂

青铜器破碎现象严重，有些器物碎块达 50 多片。如铜簋（103- 无编号）均呈现出不同程度的破碎状态，碎片因锈蚀且断茬口磨损，后期修复困难（图 4-6）。

7）裂隙

裂隙多出现于器物口沿处。如铜甑（78-03186）口沿处因挤压变形出现纵向裂隙（图 4-7）。

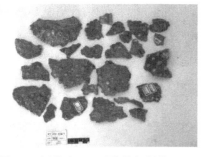

图 4-6　铜簋（103- 无编号）断裂　　　　图 4-7　铜甑（78-03186）口沿裂隙

3. 科学分析

1）X 射线探伤

X 射线探伤[1]有助于了解青铜器内部铸造缺陷、腐蚀状态以及制作工艺等信息，提供肉眼难以发现隐藏于器物内部的现象。

（1）"暗"裂隙

青铜器因腐蚀严重，裂隙覆盖于腐蚀物下，肉眼难以观察。铜爵（68-03176-2-70M）口沿、腹底及流部位集中分布大量裂隙（图 4-8）。

（2）腐蚀现象

青铜器腐蚀程度不同，利用 X 射线探伤技术可以判断腐蚀状态。铜器腐蚀严重，金属基体损失较多，对 X 射线吸收减弱，成像底片影像暗。反之，成像底片亮。铜鼎（128- 无编号 -60M）区域编号自 1～4 号灰度逐渐加深，在器物原有厚度基本一致的情况下，暗区颜色加深代表器物腐蚀趋于严重（图 4-9）。

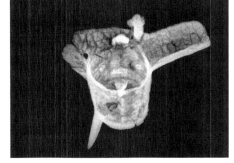

图 4-8 铜爵（68-03176-2-70M）X 射线探伤检测图片（可见大量裂隙）

（3）芯撑

芯撑是商周青铜器铸造常用技术工艺，主要目的是为了控制内外范之间空隙，保障浇铸铜水时器物空间的稳定性。由于铜液的浇铸充盈，芯撑会留存于器壁内部，外表基本不可见（少数器物可见芯撑）。铜瓤（87-03196-3-79M）底部中央可见一枚不规则芯撑（图 4-10）。

图 4-9 铜鼎（28- 无编号 -60M）
（区域 1～4 腐蚀逐渐严重）

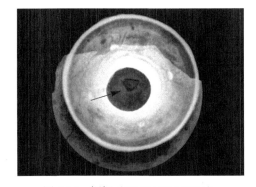

图 4-10 铜瓤（87-03196-3-79M）
内部芯撑

（4）盲芯

盲芯是在青铜器铸造过程中，为了减少铜的用量，减小铸造缺陷而采取的一项技

---

① 胡东波：《文物的 X 射线成像》，科学出版社，2012 年，第 55～94 页。

术。泥芯在器物铸成后，有些会暴露于器表可见，有些则完全被铜包裹而不可见，这种泥芯就称之为盲芯。铜鼎（128-无编号-4-90M）三足均残断与腹部脱落，通过拍摄不同角度 X 射线成像照片，发现三足内部均有盲芯存在，且盲芯与外范均有略呈竖向长方形的连接孔（图 4-11）。

（5）隐藏信息

商周青铜器常常会在器底、盖内部或口沿等部位制作铭文或纹饰，以凸显器物属性或记载有关信息。铜提梁卣（109-无编号-70M）器盖锈蚀矿化极其严重，外表覆盖大面积锈蚀物。X 射线探伤照片发现，器盖内部有纹饰存在，形似外边为"亚"形，里面为"马"或"牛"动物造型（图 4-12）。

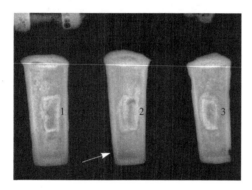 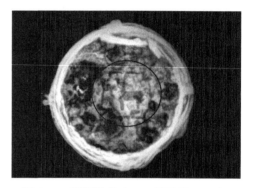

图 4-11　铜鼎（128-无编号-4-90M）　　　　图 4-12　铜提梁卣（109-无编号-70M）
内部盲芯（区域 1～3）　　　　　　　器盖被锈蚀物覆盖的纹饰

2）金相组织

铜器以铸造组织形态为主，表 4-3 和图 4-13（图版一，1）所列铜斝具有等轴晶结构，表 4-3 和图 4-14 所列铜簋具有树枝晶结构。

表 4-3　部分铜器金相组织

编号	出土墓葬	器物名称	取样部位	金相组织特点描述	制作工艺
63-03171	M121	斝	分裆处补铸碎片	铸造组织以 α 相为基体，纯铜相与腐蚀相网状交错，铅相呈颗粒状分布于晶界间隙。样品局部腐蚀，晶间腐蚀为主	铸造
			分裆处本体碎片	基体呈等轴晶结构，晶界间隙含有大量灰色硫化物夹渣	
			腹上部碎片		
			颈下部碎片		
112-无编号	M109	簋	残片	铸造组织以 α 相为基体，树枝状偏析，枝晶间分布（α+δ）共析体，Pb 相呈颗粒状零散分布，部分区域有铜晶粒形成，晶间和分枝之间出现显微缩松，样品局部腐蚀	铸造

器物金相照片图 4-13、图 4-14。

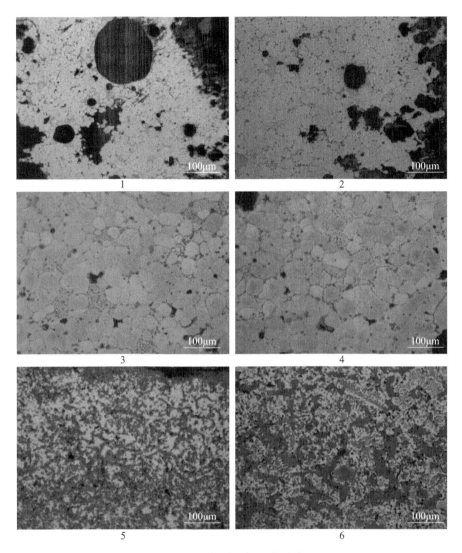

图 4-13　铜斝金相显微照片

1、2. 腹上部金相显微成像（左：50X，右：100X，浸蚀后） 3、4. 颈下部金相显微成像（200X，浸蚀后）
5、6. 分裆处补铸金相显微成像（200X，左：未浸蚀；右：浸蚀后）

3）合金成分

铜器合金成分析结果表明，青铜样品有铜锡铅合金、铜锡合金、铜铅合金、铜铅砷合金，表 4-4 所列卷首刀与铜矛为铜铅砷合金，铜斝为纯铜器。

4）锈蚀物分析

利用 X 射线衍射分析青铜器锈蚀物，不同颜色锈蚀物其种类不同（图 4-15）。

锈蚀物中有橘红色、砖红色、枣皮红等比较鲜艳的颜色，特别是卷首刀，表面结壳锈层下，露出橘红色、砖红色的腐蚀物。物相分析结果表明主要成分为赤铜矿，以

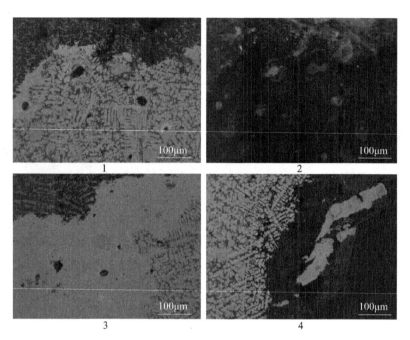

图 4-14　铜簋（112- 无编号）腹部金相及偏光显微照片（上：100X，下：200X）

1、3、4. 金相显微照片　2. 偏光显微照片

表 4-4　铜器合金成分表

编号	出土墓葬	器物名称	取样部位	合金比例（wt%）							类型
				Cu	Sn	Pb	其他				合金
							As	Fe	S	Cl	
2-03110	M121	卷首刀	卷首处外侧上卷处碎片	89.0	—	6.1	3.8	1.0	0.2		Cu-Pb-As
4-03112	M121	卷首刀	卷首处外侧碎片	67.3	—	20.7	9.9	1.8	—	0.3	Cu-Pb-As
6-03114	M121	卷首刀	卷首处外侧上卷处碎片	93.4	—	4.9	1.7	—	—		Cu-Pb
13-03121	M121	卷首刀	卷首处外侧上卷处碎片	86.8	—	7.1	6.1	—	—		Cu-Pb-As
20-03128	M121	卷首刀	卷首处外侧碎片	77.8	—	16.0	6.2	—	—		Cu-Pb-As
25-03133	M121	矛	商铜矛銎（骹）口处碎片	91.3	—	6.0	2.7	—	—		Cu-Pb-As
63-03171	M121	斝	分档处补铸碎片	91.3	—	5.9	2.8	—	—		Cu-Pb-As
			分档处本体碎片	99.1	—	—	—	—	0.9	—	Cu
			腹上部碎片								
			颈下部碎片								

及与石英、砷铅矿、白铅矿的混合物（图 4-16）。

　　铜基体中铅元素能够生成粉末状白铅矿锈蚀物，颜色呈白灰色或浅灰色，与铜的绿色锈蚀物混合，其形貌与有害锈相似，呈亮白色疏松粉末状，在实际保护过程应通过检测分析加以区分（图 4-17）。

图 4-15 铜卷首刀红色锈蚀物

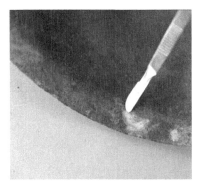

图 4-16 铜鼎口沿处白色锈蚀物

部分铜器样品中出现了氯化亚铜、氯铜矿及副氯铜矿等腐蚀产物，这些锈蚀物作为有害锈的重要成分，应该予以去除、转化（图 4-18）。

图 4-17 铜瓿有害锈

图 4-18 铜簋表面锈蚀物

器物表面常见蓝色锈蚀、绿色锈蚀等，物相分析结果显示，主要成分为蓝铜矿、孔雀石等无害锈，这些腐蚀产物作为器物年代久远的象征，在不影响外观纹饰、铭文等重要信息的前提下，应予以保留供后期展示（表 4-5）。

表 4-5 铜器样品锈蚀产物分析结果

取样序号	器物名称	取样部位	主要成分矿物名称
001-1	铜卷首刀	刀身中部	赤铜矿，砷铅矿
001-2		刀身前段	赤铜矿，砷铅矿
008-1	铜瓿	残片口沿内	白铅矿，赤铜矿
008-2		腹部	硫酸铅矿，铜
008-4		腹外部	赤铜矿，白铅矿
008-5		腹外部	白铅矿
008-6		口沿内	白铅矿，石英，孔雀石，水氯铜矿
008-7		口沿内	白铅矿，赤铜矿
008-8		外腹近錾处	赤铜矿，白铅矿

取样序号	器物名称	取样部位	主要成分矿物名称
010-2（1）	铜簋残片 2	残片 2	副氯铜矿，氯铜矿
010-2（2）		残片 2	锡石，水氯铜矿
010-2（3）		残片 2	赤铜矿，孔雀石，副氯铜矿

4. 铜器科学保护

铜鼎（LJZ085）通高 23.2、口径 19.5、唇厚 1.0 厘米、重量 1.9 千克。口沿至腹部存在大面积残缺，基体多已腐蚀矿化，局部有绿色锈蚀及白色残留物堆积。鼎外壁纹饰锈蚀不清，内壁附着厚实土锈，腹底部有散落土锈块等残留物（图 4-19）。

图 4-19　铜鼎（LJZ085）修复前照片

（1）除锈

针对鼎表面浅绿色粉状锈，用手术刀取样并使用硝酸银溶液检测。原澄清标本出现白色絮状物，表明锈蚀物中含有氯离子。用手术刀将有害锈剔除后，使用滴管吸取 2% 过氧化氢滴入锈蚀坑内，将锌粉填入锈坑转化处理。对于遮盖器表精美纹饰的锈蚀物，影响整体展陈效果，需对其表面清理除锈。将鼎大部分锈蚀物采用常规方法除锈后，精细纹饰处锈蚀物采用激光清洗（图 4-20）。

（2）铜钉连接

锈蚀物清理完成后，将耳部残片与口沿拼接，依据口沿尺寸及形状确定拼合位置与角度。在口沿与耳部残片连接部位分别钻孔，插入直径 1.5 毫米铜钉插销并粘接加固，以增强两者连接的牢固性（图 4-21）。

（3）补配

鼎腹部残缺面积较大，大部分基体因铜质矿化而不具备焊接条件。定点测量腹部残缺形状的尺寸并绘制线图，依据图纸编织铜网作为补配材料的支撑骨架，采用大漆与瓦灰等作为填充粘接材料。大漆作为传统材料，在我国古代已广泛应用。研究表明，古代漆器的漆膜与现代生漆基本相同，漆膜结构的抗老化性强，具有超稳定性。使用

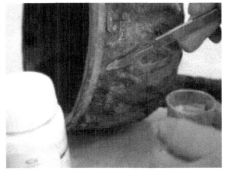

图 4-20　铜鼎除锈（氯离子检测与锌粉填充锈坑转化处理）

图 4-21　铜鼎断裂部位铜钉连接

大漆将编织后的铜网粘接至鼎残缺部位并微调角度，使其整体规则且协调一致。待器物整体达到一定强度后，将生漆加入瓦灰、石膏，按照 1∶0.6∶0.6 比例混合调匀制作漆灰。而后加入一定量铜粉，增强补配材料的金属质感，用腻子刀将漆灰复合材料填充至铜网骨架之中，填实腻平（图 4-22）。

（4）雕刻纹饰

刘家庄青铜器多数带有精美纹饰，而基体残缺通常会造成纹饰缺失。由于纹饰通常为相同图案成组出现，具有一定对称性和参考性。根据青铜器纹饰组合律，以及基体残缺面积状况，采用结合计算机软件辅助综合修复。首先使用不同目砂纸由粗至细打磨修整，直至补配材料呈现金属质感。测量鼎腹部完整的蝉纹尺寸，利用 CAD 绘图软件绘制出 1∶1 线稿，按照一定的间距，将其粘贴于鼎腹部表面原蝉纹之处，按照线图雕刻蝉纹。

鼎腹部基体表层地纹缺失导致器表高度不够，采用 AB 补土填补修复底层。待其完全固化后，在底层补配部位采用铅笔勾画蝉纹周边的地纹线图，然后再雕刻。手工雕刻精细纹饰的过程非常缓慢，要求修复技术人员对古代青铜器纹饰知识有一定的理解与掌握，更是对其雕刻技术的考验。对于青铜器表面立体的、凹凸不平的纹饰均采用同样方法补配、雕刻修复（图 4-23）。

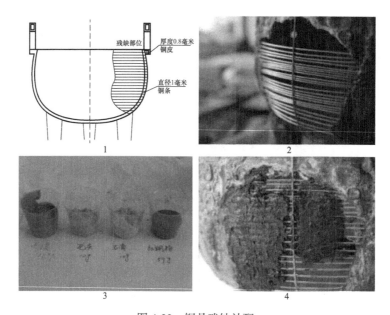

图 4-22　铜鼎残缺补配
1. 鼎腹至口沿补配示意图　2. 编织铜网　3. 调制漆灰　4. 漆灰填充补配

图 4-23　铜鼎补配部位纹饰雕刻
1. 粘贴线图准备雕刻　2. 雕刻蝉纹　3. 雕刻后蝉纹局部　4. 雕刻地纹

（5）缓蚀与封护

鼎残缺部位补配完成后，在通风橱中使用 3%BTA 乙醇溶液缓蚀。通体喷涂 2%B72 乙酸乙酯溶液封护两遍。两次喷涂间隔 24 小时，待第一遍完全干燥后再喷涂第二遍，第二遍喷涂与第一遍方向垂直，可使得封护膜厚度均匀一致。

（6）作旧

为更好展示文物完整性与统一性，一般对青铜器焊接、补配和加固过程中暴露出来的痕迹，通过喷、点、涂、抹及弹拨等技法遮盖和修饰，使其与原物周边衔接浑然一体。以虫胶酒精溶液作为粘接剂，以多种矿物颜料作为着色剂，采用弹拨技法施加于修复器物的补配与焊接、粘接部位。采用较硬油画笔或将油画笔毛剪短使笔毛弹性增大，调制不同颜色矿物颜料，一只手持调刀，另一只手持油画笔，利用油画笔拨动调刀产生的反作用力，将所需颜料弹拨至需要修复部位，使得修复后青铜器整体自然协调、锈色古朴流畅（图 4-24）。

图 4-24 铜鼎（LJZ085）修复前后对比照片

六、结语

对于青铜文物保护修复，首先要查找并了解文物的相关考古出土、历史保存等背景信息，详细记录器物保存现状以及病害类型和分布，通过现代科学分析研究器物本体以及器物上腐蚀产物，探讨腐蚀和损坏的成因，在此基础上进行保护修复方案的设计与实施。对其表面锈蚀物清理，要从对器物有害和影响文物价值的展示两个方面考虑；器物的保护修复要在保护理念的指导下，并严格遵守保护原则，充分考虑文物今后保存环境和展示需求，开展粘接、整形、补配、加固、缓蚀和封护等处理，对不可逆的处理过程要十分慎重。保护修复后，建立规范、科学的保护修复档案。

第二节　铁质文物保护

铁元素原子序数为 26，原子轨道的外层电子排布为 $3d^6 4S^2$，容易失去外层电子，具有很强的活泼性。古代铁制品（包括钢）为铁元素和碳元素形成的化合物或混合物。

铁质文物材质的分类既要遵循现代金属材料学的分类方法，又要考虑古代钢铁冶炼技术和制作工艺的发展状况，具有其特殊性。

一、铁质文物常见材质类型与组织结构

依据古代冶金技术发展的历程，常见铁质文物的材质有块炼铁、块炼渗碳钢、白口铁、灰口铁、麻口铁、脱碳铸铁、可锻铸铁、铸铁脱碳钢、炒钢、灌钢、贴钢、夹钢、百炼钢等。

1. 铁碳合金分类

根据含碳量及组织特点的不同，铁碳合金可分为工业纯铁、钢和铸铁三大类。其中钢又可分为亚共析钢、共析钢和过共析钢三种；铸铁又可分为亚共晶白口铁、共晶白口铁和过共晶白口铁三种[1]。

（1）将含碳量小于 0.02% 的铁碳合金称为工业纯铁。

（2）亚共析钢其组织由铁素体和珠光体组成。

（3）共析钢含碳量为 0.77% 的碳钢，称为共析钢，由单一的珠光体组成。

（4）过共析钢含碳量超过 0.77% 的碳钢，称为过共析钢，它在室温下的组织由珠光体和二次渗碳体组成。

（5）铸铁分类[2]

a. 根据碳在铸铁中的存在形式分类

白口铸铁碳主要以游离碳化铁形式出现的铸铁，断口呈银白色。

灰铸铁碳主要以片状石墨形式出现的铸铁，断口呈灰色。

麻口铸铁部分碳以游离碳化铁形式出现，部分以石墨形式出现，断口灰白相间。

b. 根据铸铁中石墨（G）形态分类

普通灰铸铁石墨呈片状

蠕墨铸铁石墨呈蠕虫状

可锻铸铁石墨呈团絮状

球墨铸铁石墨呈球状

c. 几种铸铁的成分和组织

亚共晶白口铸铁：含碳量小于 4.3% 的白口铸铁称为亚共晶白口铸铁。在室温下亚共晶白口铸铁的组织为珠光体、二次渗碳体和莱氏体。

共晶白口铸铁：共晶白口铸铁的含碳量为 4.3%，它在室温下的组织为单一共晶莱氏体。

过共晶白口铸铁：含碳量大于 4.3% 的白口铸铁称为过共晶白口铸铁。

灰铸铁的显微组织

灰铸铁的显微组织由金属基体（铁素体和珠光体）与片状石墨组成。分为三种：

① 中国大百科全书总编辑委员会《矿冶》编辑委员会：《中国大百科全书·矿冶》，中国大百科全书出版社，1984 年，第 634 页。

② 陆文华：《铸铁及其熔炼》，机械工业出版社，1981 年。

a 铁素体＋片状石墨，b 铁素体、珠光体＋片状石墨，c 珠光体＋片状石墨。

可锻铸铁

先将铸铁浇注成白口铸铁，然后高温石墨化退火，使渗碳体分解得到团絮状石墨。可锻铸铁的组织：① 铁素体＋团絮状石墨，② 珠光体＋团絮状石墨。

铁碳合金在极为缓慢冷却条件下得到的组织，可根据铁碳相图来分析铁碳合金在平衡状态下的显微组织。

2. 铁碳合金组织

主要包括碳钢和白口铸铁，其室温组成相为铁素体和渗碳体。由于含碳量不同，铁素体和渗碳体的相对数量、析出条件及分布状况有所不同，因而呈现各种不同的组织形态[①]（表 4-6）。

表 4-6　不同成分铁碳合金在室温下的显微组织

类型		含碳量（wt%）	显微组织	浸蚀剂
纯铁		＜0.02	铁素体	4% 硝酸酒精溶液
碳钢	亚共析钢	0.02～0.77	铁素体＋珠光体	4% 硝酸酒精溶液
	共析钢	0.77	珠光体	4% 硝酸酒精溶液
	过共析钢	0.77～2.11	珠光体＋二次渗碳体	4% 硝酸酒精溶液；苦味酸钠溶液，渗碳体变黑或棕红色
白口铸铁	亚共晶白口铁	2.11～4.3	珠光体＋二次渗碳体＋莱氏体	4% 硝酸酒精溶液
	共晶白口铁	4.3	莱氏体	4% 硝酸酒精溶液
	过共晶白口铁	4.3～6.69	莱氏体＋一次渗碳体	4% 硝酸酒精溶液

在金相显微镜下铁碳合金具有四种基本组织：

铁素体（F）：铁素体是碳溶解于 α-Fe 中的间隙固溶体。

渗碳体（Fe_3C）：渗碳体是铁与碳形成的金属间化合物，其含碳量为 6.69%，质硬而脆，耐蚀性强。

珠光体（P）：珠光体是铁素体和渗碳体呈层片状交替排列的机械混合物。

莱氏体（Ld'）：莱氏体在室温时是珠光体和渗碳体所组成的机械混合物。

二、铁质文物腐蚀产物分析检测

1. 铁质文物腐蚀产物

铁质文物腐蚀产物是铁器与周围环境中的氧、硫、氯等反应生成的氧化物、硫化

[①] 中国大百科全书总编辑委员会《矿冶》编辑委员会：《中国大百科全书·矿冶》，中国大百科全书出版社，1984 年，第 634 页。

物、氧硫化物、氢氧化物、氯化物等化合物，主要有以下形式：

氧化物：FeO、Fe_2O_3、$Fe_2O_3 \cdot nH_2O$、Fe_3O_4；

氢氧化物：$Fe(OH)_3$、$\alpha\text{-}FeOOH$、$\beta\text{-}FeOOH$、$\gamma\text{-}FeOOH$；

氯化物：$FeCl_2$、$FeCl_3 \cdot H_2O$、$FeCl_3 \cdot 6H_2O$；

硫化物：FeS、Fe_3S_4；

硫酸盐：$Fe_2(SO_4)_3 \cdot 5H_2O$、$Fe_2SO_4 \cdot 4H_2O$；

碳酸盐：$Fe(HCO_3)_2$、$FeCO_3$；

磷酸盐：$Fe_2PO_4 \cdot 2H_2O$、$Fe_3(PO_4)_2 \cdot 8H_2O$；

铁质文物锈蚀产物可分为稳定锈蚀与不稳定锈蚀。稳定锈蚀产物结构紧密坚硬，如磷酸铁 $FePO_4$、四氧化三铁 Fe_3O_4、碱式氧化铁 $\alpha\text{-}FeOOH$ 等，它们性质稳定，不易水解，会在铁器表面形成薄而致密的膜，可以防止铁器进一步腐蚀。不稳定锈蚀结构疏松，如亚铁氧化物和铁的氯化物等，通过吸水作用使水分子深入内部，不间断地发生化学腐蚀、电化学腐蚀和微生物腐蚀。不稳定锈蚀会产生体积膨胀或脆裂，导致器物不同程度的变形。

有文献 [1][2] 报道了各种氯化物与水下铁器腐蚀产物间的关系，概述了含氯腐蚀产物的种类及存在特性，有关铁器中含氯腐蚀产物的种类及存在特性如表 4-7 所示。

表 4-7　水下铁器中含氯腐蚀产物及其特性

矿物名称	分子式	存在特性	转化产物
氯化钠 （sodium chloride）	$NaCl$	含量很少	
氯化铁	$FeCl_3$	含量较少，经常存在于刚出水后迅速置于空气中干燥的铁器中，或保存在相对湿度波动较大的铁器中，以黄色"液滴"形式存在	易于水解，转化为 $\beta\text{-}FeOOH$
氯化亚铁	$FeCl_2$	铁器开始腐蚀时形成的产物，存在于酸性条件下发生孔蚀的铁器中。腐蚀进一步发生时，将检测不到 $FeCl_2$	
碱式氯化亚铁 （包括三种） （basic ferrous chlorides）	$\alpha\text{-}Fe(OH)_2 \cdot FeCl_2$ （Cl 含量 33%） $\beta\text{-}Fe(OH)_2 \cdot FeCl_2$ （Cl 含量 23%） $\gamma\text{-}Fe(OH)_2 \cdot FeCl_2$ （Cl 含量 18%）	发现很少，在还原条件下稳定	在空气中易氧化，生成绿锈，进一步氧化生成 $\alpha\text{-}FeOOH$，$\gamma\text{-}FeOOH$ 和 Fe_3O_4

[1]　Gilberg M, Seeley N. The identity of compounds containing chloride ions in marine iron corrosion products: a critical review. *Studies in Conservation*, 1981, 26 (2): 50-56.

[2]　North N. Corrosion products on marine iron. *Studies in Conservation*, 1982, 27 (2): 75-83.

续表

矿物名称	分子式	存在特性	转化产物
绿锈I （green rust I）	$Fe^{II}_{3-x}Fe^{III}_{1+x}(OH)_8Cl_{1+x}\cdot nH_2O$	研究表明当铁器在 NaOH 溶液中保存时易生成该锈蚀物	
纤铁矿 （lepidocrocite）	$\gamma\text{-}FeOOH$	含量较少	与 Fe^{2+} 反应，生成 Fe_3O_4
四方纤铁矿 （akaganeite）	$\beta\text{-}FeOOH$	常见锈蚀产物。为铁器出水后暴露于空气中发生氧化反应的腐蚀产物	不稳定，易转化为 $\alpha\text{-}FeOOH$；而在潮湿环境下易转化为 Fe_3O_4
无定形的氢氧化铁 （amorphous ferric oxyhydroxide）	$FeOOH$		
氯化氧铁	$FeOCl$	对其存在有一定的争议	易转化为 $\beta\text{-}FeOOH$，最终转化产物为 $\alpha\text{-}FeOOH$

馆藏铁质文物大多来源于考古发掘，对于发掘出土或从海里打捞上来的铁器，它们的锈蚀产物中通常存在含氯四方纤铁矿（$\beta\text{-}FeOOH$）或有多种铁的硫化物夹杂，铁器锈层稳定性较差，需要脱氯（脱盐）处理。

2. 铁质文物腐蚀产物分析检测方法

现代分析技术在铁质文物锈蚀产物分析中应用广泛，对探讨铁器腐蚀产物含量、分布和影响起到了重要作用。

（1）利用矿相显微镜可直接观察铁质文物的锈蚀产物，所用样品为固态块状，经过打磨、抛光，在正交偏光下观察腐蚀产物（矿物）的颜色、分布。光片样品可使用未浸蚀的金相样品，光薄片样品需要专业实验室制作。

（2）X 射线荧光光谱（XRF）与 X 射线衍射分析（XRD）可定性或半定量分析有害盐含量，X 射线衍射分析（XRD）需要将锈蚀样品研磨成粒度 200 目以上。

（3）近年来，一些显微检测技术应用于带有基体铁器锈蚀断面样品的分析。SEM-EDX 与 EPMA 用于分析样品的元素组成及显微形貌；样品物相组成可采用微区 X 射线衍射（μXRD）与显微拉曼光谱。

（4）离子色谱检测锈蚀样品阴离子含量。样品制作方法：将锈蚀样品研磨呈粉末状，过 80 目筛，后取锈蚀样品 1 克，用 100 毫升的去离子水浸泡约 7 天，其间每天用振荡器振荡 1 小时左右。实验条件选择采依据离子色谱法 GB/T 14642-1993。

3. 铁质文物腐蚀产物分析方法选择

铁质文物腐蚀产物分析方法选择要考虑已有样品数量、样品状态（块状、薄片、粉末）等。样品数量多且为块状，则可以选择多种分析方法，如矿相显微镜、X 射线荧光光谱（XRF）、X 射线衍射分析（XRD）；若样品数量少且为粉末状，则可选择 X

射线衍射分析（XRD）或微区 X 射线衍射（μXRD）与显微拉曼光谱；若样品数量少且为块状，则可选择矿相显微镜、X 射线荧光光谱（XRF）等方法。需要注意：应用不同分析方法印证同一样品腐蚀产物的检测结果。

三、铁质文物病害

铁质文物病害主要有残缺、断裂、裂隙、变形、层状堆积、孔洞、表面硬结物、矿化、点腐蚀、微生物损害等。

详细分类与界定详见《馆藏青铜质和铁质文物病害与图示 GB/T 30686-2014》《可移动文物病害评估技术规程金属类文物 WW/T 0058-2014》。

四、铁质文物保护方案编制程序

通过以上知识的基本学习，在《中国文物古迹保护准则》的指导下，可以按照铁质文物保护的一般程序或技术路线，开展具体的铁质文物保护研究与方案编制。

（1）铁质文物保存现状评估：铁质文物现存状态（器名和器形，器形大小，器物完残程度等）评估，X 光透视分析当为最重要和常规分析手段（在有采用热释光测年取样条件时，取样优先），可识别器物现存铁质部分的大小、器物的完残程度以及铸造缺陷和孔隙等；铁质文物锈蚀成分和结构分析（表面锈蚀状况等），利用偏光显微镜、X 射线荧光、X 射线衍射、红外光谱、拉曼光谱及扫描电子显微镜等，分析铁质文物锈蚀成分和结构，尤其是关注片状或层状锈蚀产物的断面微结构和成分分布；

铁质文物合金成分和结构分析，利用金相显微镜、微区 X 射线荧光及扫描电子显微镜等，分析铁质文物合金成分和结构，判明铁质文物的合金类型和各相分布。

（2）铁质文物价值评估：利用考古资料和文献，结合上述现状评估信息，必要时邀请考古学家和艺术史研究人员，共同评估铁质文物的科学价值、历史价值和艺术价值。对于有极高价值的铁质文物，应该开展深入细致的研究，并在保护过程技术选择和保存环境条件考量时予以特别关注。

（3）根据现状评估中铁质文物合金成分和锈蚀产物，确定是否采取脱盐措施，并确定除锈方法和除锈材料，应该使用成熟的材料和方法。

（4）采用适宜的缓蚀材料处理铁质文物，应该使用成熟的材料和方法。

（5）采用适宜的封护材料封护铁质文物，应该使用成熟的材料和方法。

（6）根据铁质文物的价值和器形大小，选择适宜的保存器具或装具。

（7）根据保护后铁质文物的稳定性评估，并结合器物所在博物馆环境和经济条件，提出适宜于该铁质文物可长期稳定保存的环境标准。

此为馆藏铁质文物保护的一般程序或技术路线，基本适合于大部分铁质文物保护方案的制定。如果有配合考古发掘工作的铁质文物保护，一定要制定考古现场保护预案。

在保护工作中强调使用成熟的保护技术，保护人员或学生可以参阅《铁质文物保护技术》《博物馆铁质文物保护技术手册》等成果。

五、案例：北京延庆馆藏铁质文物保护

项目名称：北京延庆馆藏铁质文物保护

文物名称：17 件铁质文物包括出土于西屯的汉代铁铲 2 件，六角轴套 1 件；出土于南菜园车队的元代六鋬铁锅 1 件；出土于千家店镇石槽村未知年代铁罐 1 件，铁权 1套（9 件）以及小刀、帽钉、铁锥各 1 件

收藏机构：北京延庆县文物管理所

保护机构：中国文化遗产研究院

保护时间：2008 年

保护人员：张治国、李园、马清林等

1. 前言

在开展"十一五"国家科技支撑计划课题"铁质文物综合保护技术研究"过程中，开展了北京延庆县文物管理所馆藏 17 件铁质文物的分析检测、病害评估与科学保护。17 件铁质文物包括出土于西屯的汉代铁铲 2 件，六角轴套 1 件；出土于南菜园车队的元代六鋬铁锅 1 件；出土于千家店镇石槽村未知年代铁罐 1 件，铁权 1 套（9 件）以及小刀、帽钉、铁锥各 1 件（表 4-8）。

表 4-8　北京延庆县文物管理所馆藏 17 件小件铁器基本情况表

样品编号	名称	数量	尺寸（cm）	时代	完残	出土地点
YW-0891	铁铲	1	长 12、宽 12	汉	完整	西屯
YW-0892	铁铲	1	长 12、宽 11.5	汉	完整	西屯
YW-0928	轴套	1	直径 14.5、高 4.5	汉	残	西屯
YW-1370	六鋬铁锅	1	高 28、口径 45	元	完整	南菜园车队
YQ-1	铁罐	1	口径 12.2、径 17、高 17.5	未知	完整	千家店镇石槽村
YQ-2	铁权	1	长 11、宽 4.5	未知	完整	同上
YQ-3	铁权	1	长 5.4、宽 2.2	未知	完整	同上
YQ-4	铁权	1	长 6.3、宽 1.8	未知	完整	同上
YQ-5～YQ-10	铁权	6	直径 2.2～8.8	未知	完整	同上
YQ-11	小刀	1	长 3.7	未知	完整	同上
YQ-12	帽钉	1	长 5.5、帽直径 3.4	未知	完整	同上
YQ-13	铁锥	1	长 8.3	未知	完整	同上

2. 病害评估与科学分析

1）AMS-^{14}C 年代测定

延庆千家店镇石槽村 1 套铁权（9 件）年代不详，需要确定其年代。由于几件铁权十分完整，不能采样，因此对出土于同一铁罐中的几块铁铠甲残片取样测定 ^{14}C 年代。

在 11 块铁铠甲残片中随机选取 1 块进行 AMS-^{14}C 年代测定，测试结果显示其年代为 9795 年 ±40 年。结果显示该件铁铠甲残片的 ^{14}C 年代数据较实际年代早，说明该件铁器在冶炼过程中可能使用了煤或焦炭燃料。根据中国古代冶铁技术发展状况和相关出土铁器研究，用煤或焦炭炼铁当在宋代以后[1]。有学者认为中国古代至迟在北宋元祐（1086～1094 年）年间已开始用煤炼铁，崇宁（1102～1106 年）年间可能开始大规模用煤炼铁，宋代用煤炼铁技术并未普及，煤与木炭同时用作冶铁燃料[2]。综上可知，这件铁铠甲及其同时出土铁权的实际年代应为宋代以后。

2）锈蚀物元素成分分析

a. X 射线荧光光谱法成分分析

取能反映完整锈层的样品研磨成粉末后测试，测试结果见表 4-9。

表 4-9　北京延庆铁器锈蚀物 EDXRF 成分分析结果　　　（单位：wt%）

编号	Fe	Si	S	Cu	Ca	K	Mn	Al	P
YQ-1	97.7	1.1	1.1	0.1	—	—	—	—	—
YQ-2	96.6	1.3	1.0	—	0.9	0.2	—	—	—
YQ-4	95.2	1.2	1.1	0.5	1.9	—	0.1	—	—
YQ-5	94.8	0.8	1.2	0.2	3.0	—	—	—	—
YQ-6	95.0	0.9	0.7	0.2	3.1	—	0.1	—	—
YQ-7	97.8	0.7	0.9	0.2	0.3	—	—	—	—
YQ-8	98.2	0.7	1.0	—	0.1	—	—	—	—
YQ-9	97.4	0.7	1.0	0.1	0.8	—	—	—	—
YQ-10	89.2	3.5	5.4	0.5	0.7	—	—	—	0.7
YQ-11	95.0	1.5	1.5	1.0	0.7	0.3	—	—	—
YQ-12	79.0	14.3	1.4	—	3.2	1.4	0.1	0.6	—
YQ-13	95.0	1.4	1.8	0.3	1.5	—	—	—	—
YW-0891	87.5	8.6	1.2	0.1	1.9	0.6	0.1	—	—

---

① 王可、韩汝玢、杜茆运：《元大都遗址出土铁器的分析》，《考古》1990 年第 7 期；苗长兴、吴坤仪、李京华：《从铁器鉴定论河南古代钢铁技术的发展》，《中原文物》1993 年第 1 期；李秀辉、刘建华、姚建芳等：《北京金陵遗址出土铁器的金相学分析》，《北京金陵遗址》，文物出版社，2006 年。

② 黄维、李延祥、周卫荣：《川陕晋出土宋代铁钱硫含量与用煤炼铁研究》，《中国钱币》2005 年第 4 期。

续表

编号	Fe	Si	S	Cu	Ca	K	Mn	Al	P
YW-0892	89.2	7.1	1.3	0.2	1.6	0.5	0.1	—	—
D-157	96.0	1.5	1.0	—	0.9	0.2	0.1	—	0.3

由 EDXRF 分析结果可见，这 17 件锈蚀物中所含氯离子含量低于检测限，未检出有氯离子，可知其中不含氯离子或氯离子含量较低。为进一步确定其中氯离子含量，选取其中三件铁器锈蚀物进行离子色谱定量分析。

b. 离子色谱法成分分析

利用离子色谱分析仪对其中三件铁器，即六鋬铁锅 YW-3170，铁罐 YQ-1 和铁权 YQ-2 锈蚀物中氯离子含量测定，确定是否需要脱盐处理。

离子色谱测定氯离子含量结果列入表 4-10，由测试结果可以看出，这三件铁质文物中氯离子含量较低，远低于需脱盐处理的 $1000\mu g/g$ 的标准[①]。少量氯可通过除锈降至更低，不会加速铁器腐蚀。

表 4-10　三件馆藏铁质文物锈层的离子色谱分析结果

样品编号	名称	Cl⁻ 含量（μg/g）
YW-3170	铁锅	357
YQ-1	铁罐	92
YQ-2	铁权	189

c. 锈蚀物物相分析

用玛瑙研钵将样品研成粉末放在样品池内压平，然后进行 X 射线衍射分析。分析结果见表 4-11。

表 4-11　北京延庆铁器锈蚀物 XRD 分析结果

样品编号	锈蚀物主要物相（含量由高至低）
YQ-1	γ-FeOOH＞α-FeOOH＞Fe_3O_4＞SiO_2
YQ-2	α-FeOOH＞γ-FeOOH＞Fe_3O_4＞Q-Fe_2O_3
YQ-5	Fe_3O_4＞α-FeOOH＞Q-Fe_2O_3＞γ-FeOOH
YQ-6	α-FeOOH＞Q-Fe_2O_3＞γ-FeOOH
YQ-7	α-FeOOH＞Fe_3O_4＞Q-Fe_2O_3＞γ-FeOOH
YQ-8	α-FeOOH＞γ-FeOOH＞Q-Fe_2O_3＞Fe_3O_4

[①] Watkinson D. Degree of mineralization: its significance for the stability and treatment of excavated ironwork. *Studies in Conservation*, 1983, 28 (2): 85-90.

样品编号	锈蚀物主要物相（含量由高至低）
YQ-9	α-FeOOH＞γ-FeOOH＞Fe_3O_4
YQ-12	α-FeOOH＞Q-Fe_2O_3＞$CaCO_3$＞γ-FeOOH＞SiO_2
YW-0891	Fe_2O_3＞Fe_3O_4＞SiO_2＞α-FeOOH＞γ-FeOOH
YW-0892	α-FeOOH＞Fe_2O_3＞SiO_2
YW-1370	α-FeOOH＞Fe_2O_3＞Fe_3O_4＞SiO_2＞γ-FeOOH

XRD 分析结果显示，这 11 件铁器锈蚀物样品中，锈蚀物的主要物相为赤铁矿（Fe_2O_3）、磁铁矿（Fe_3O_4）、针铁矿（α-FeOOH）和纤铁矿（γ-FeOOH）等，除此以外，锈蚀样品中还有石英（SiO_2）和方解石（$CaCO_3$）等矿物，可能来自土壤中混杂。其中 Fe_3O_4 是一种较为稳定的腐蚀产物，尖晶石型晶体结构和较高晶格结合能使其具有较好的稳定性。Fe_2O_3 具有三方结构，也是一种较为稳定的腐蚀产物，在铁器表面上能形成一薄层氧化膜与外界隔断，阻止铁器继续氧化。α-FeOOH 具有正方或斜方结构，形态呈针状，是一种较稳定相。γ-FeOOH 又称活性铁锈酸，为立方晶格，晶格常数约为 0.83nm，活性很大，不能形成附着力强和致密的保护膜。活泼 γ-FeOOH 会向稳定 α-FeOOH 转变，或向稳定 Fe_3O_4 转变，其转化速度与湿度和污染程度有关。由于水分和氧气的进一步渗入，新的 γ-FeOOH 会不断生成，因而锈层厚度会不断增加。这些锈蚀物的稳定性由高到低依次为 Fe_3O_4＞Fe_2O_3＞α-FeOOH＞ γ-FeOOH。

综上所述，这些铁器锈蚀物中，γ-FeOOH 为有害锈，Fe_3O_4、Fe_2O_3 和 α-FeOOH 较为稳定，属于无害锈。分析结果为铁器保护中的除锈操作和除锈程度提供了理论依据。

取样分析的 11 件铁器锈蚀物样品，在 X 射线衍射分析仪检测限和精度范围内有 10 件铁器锈蚀样品中含有活性铁锈酸 γ-FeOOH，它们的存在会导致铁器腐蚀的继续，因此必须予以清除。

在对 YQ-1 铁罐除锈处理过程中，发现将其表面黄色和黄褐色浮锈除去后，仍有较为大量的蚀坑存在，蚀坑中主要是较疏松的黄色锈蚀物，对其取样并进行 XRD 物相分析，发现其主要为纤铁矿（Lepidocrocite，γ-FeOOH）和针铁矿（Goethite，α-FeOOH）的混合物，也必须除去（图 4-25）。

d. X 光探伤分析

利用 X 射线探伤分析仪，对两件表面带有纹饰的铁铲（YW-0891 和 YW-0892）进行 X 光探伤，了解铁铲腐蚀程度、纹饰造型及缺损情况（图 4-26）。分析结果显示 YW-0892 铁铲纹饰基本保存完好，YW-0891 铁铲一侧纹饰保存较好，另一侧锈蚀严重，只留下很浅的纹饰痕迹。

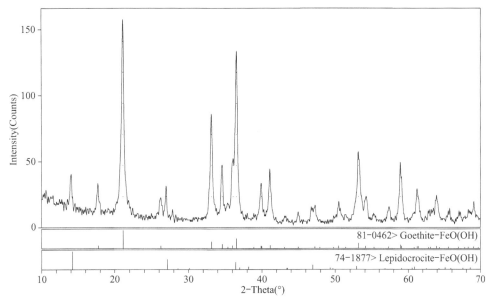

图 4-25　YQ-1 铁罐表面蚀坑中黄色锈蚀物 XRD 图

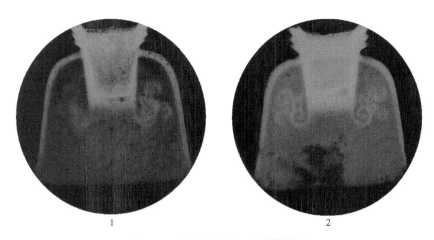

图 4-26　两件铁铲的 X 光探伤照片

1. YW-0891 铁铲，电压 88.2kV，电流 0.06mA　2. YW-0892 铁铲，电压 78.9kV，电流 0.08mA

3. 铁质文物科学保护过程

根据《中国文物古迹保护准则》，在保护中应遵循"最小干预""可再处理"和"不改变文物原状"的原则。

出土铁器保护和修复，主要是清除有害的腐蚀产物、脱去高含量有害盐与缓蚀封护，对于残缺铁器有时根据情况进行一定程度的粘接、焊接或补配。对于锈蚀酥粉和严重脱胎的铁器，还需必要的渗透加固。

经以上分析，北京延庆文物管理所馆藏 17 件小型铁质文物不需脱盐，只需除锈、缓蚀和封护处理，具体保护实施工艺如下。

1）除锈

首先采用 3A 溶液（去离子水、乙醇、丙酮体积比为 1∶1∶1）将铁器浸泡，软化表面土质和锈蚀，再用机械法剔除，可达到既清洗又不损伤文物的目的。

对于铁器表面较疏松的红褐色锈蚀，用牙钻和超声波振动仪等清理，根据锈蚀硬度分别用钢钻头、钢刷或尼龙刷，除至黑褐色锈层后，再用橡胶钻头局部打磨，除去局部残余疏松锈蚀。

在接近器物原始表面或者剩下很薄一层锈蚀物时，改用手术刀、玻璃擦等手动工具细微除锈，严格控制除锈效果。

2）缓蚀

为使铁质文物长期稳定保存，需对其缓蚀处理，即在铁器表面形成一层较为致密的缓蚀膜层，提高铁器表面耐腐蚀能力，并在封护剂协同作用下，对铁器形成长期保护。

利用我们研发出的 6 种复配缓蚀材料对这些小件铁质文物缓蚀处理。缓蚀剂采用喷涂工艺，即将缓蚀材料配好且完全溶解后，用电吹风或洗耳球吹去铁器表面可能残存浮尘，然后用喷枪均匀喷涂缓蚀材料，喷涂用量以完全湿润为准。自然干燥，4 小时后再喷涂一次，干燥 24 小时，待完全干燥后，实施封护处理，经缓蚀处理后铁器外观改变不大（表 4-12）。

表 4-12　处理铁器的六种缓蚀材料配方列表

编号	缓蚀剂	所处理铁器
1	复配单宁酸	YW-0928 轴套
2	过渡金属离子	YQ-5～YQ-10 铁杈
3	复配硅酸盐	YW-1370 六錾铁锅 YQ-1 铁罐
4	复配钼酸盐	YQ-2 铁杈 YQ-3 铁杈 YQ-4 铁杈
5	复配阴离子型	YQ-11 小刀 YQ-12 帽钉 YQ-13 铁锥
6	有机胺类	YW-0891 铁铲 YW-0892 铁铲

3）封护

使用美工喷枪在 17 件铁器上均匀喷涂一遍研发的丙烯酸类封护剂，喷涂压力 3kg/cm²，间隔 2 小时后，再喷涂一遍，干燥 24 小时（图 4-27）。

图 4-27　铁质文物保护处理前后照片（左为处理前，右为处理后）
1、2. YW-0892 铁铲正面　3、4. YW-0928 六角轴套正面
5、6. YW-1370 六錾耳铁锅　7、8. YQ-1 铁罐

本案例开展了北京延庆文物管理所馆藏 17 件铁质文物的科学分析、病害评估和科学保护处理，处理过程符合文物保护原则，经半年后观察，保护效果良好。对延庆千家店镇石槽村出土未知时代铁质文物 ^{14}C 年代测定，初步确定其为宋代之后的产品。

对于保护处理后的铁器，建议在干燥、无尘环境中保存，湿度控制在 50% 左右或以下，温度控制在 20～25℃，以有利于铁器长期保存。

六、结语

古代铁质文物非常容易受环境影响而发生电化学和化学腐蚀，从而产生结构复杂、疏松且易于吸湿的锈蚀物。在得不到及时妥善处理的情况下，大量铁质文物原貌将因腐蚀而损坏、造成价值丧失，甚至会溃烂成渣。铁质文物保存过程中，氯的存在是其不稳定和腐蚀得以循环发生的重要原因之一，能够加速点蚀、应力腐蚀、晶间腐蚀和缝隙腐蚀等局部腐蚀和微观腐蚀，去除氯化物等有害盐，对保持铁质文物稳定性具有重要作用。因此，铁质文物保护的关键点应是在清理其表面疏松腐蚀产物和脱出活性可溶盐的前提下，采用适宜的缓蚀材料和封护材料隔断环境因素之持续作用，同时构建适宜其长期稳定保存之环境，达到长久保存之目标。

第三节 壁画文物保护

壁画主要指绘制于建筑物墙壁或天花板上的绘画。

一、壁画分类 [①]

1. 按建筑类型分类

壁画依附于建筑物，按照建筑物的形式和用途可分为石窟寺壁画、寺观殿堂壁画和墓葬壁画。

（1）石窟寺壁画。其支撑体是石窟的岩壁。我国石窟寺壁画保存总量在各种类型壁画中相对较多。

（2）寺观殿堂壁画。其支撑体为寺观、宫殿、民居等建筑物的墙体，如石墙、砖墙、土坯墙、夯土墙或荆条、竹片编织的隔截编道等。

（3）墓葬壁画。用于装饰墓室和墓道墙壁，其支撑体一般为生土，而墓室壁画支撑体为砖壁、石板壁或石条。

此外，当建筑物结构不稳或者保存环境威胁到壁画的安全保存时，通常将壁画揭

---

① 中国文化遗产研究院：《中国文物保护与修复技术》，科学出版社，2009 年，第 306 页。

取并转移到新的支撑体上，存放在博物馆保存或陈列，称之为馆藏壁画。

2. 按绘制方法分类

按绘制方法分可分为干壁画、湿壁画和干湿混合壁画三种类型。

干壁画。历史悠久、分布广、保存量大、技术成熟，颜料层绘制在干燥的地仗或支撑体表面。目前我国发现的壁画几乎都是干壁画。

湿壁画。颜料用石灰水或灰膏调和后画在新鲜的石灰地仗上。

干湿混合壁画。湿壁画的一种改良形式，其主要部分采用湿壁画方法完成。待壁画干燥后，用干壁画的画法绘出重点强调的部分。

二、壁画结构与制作材料

1. 壁画结构 [①]

壁画具有多层结构，从里到外主要分为支撑体、地仗层、底色层（准备层、粉底层、白粉层）、颜料层（画层、包含镶嵌物）和表面涂层（图 4-28）。

（1）支撑体。壁画的骨架或支撑结构。一般为建筑物的墙体和天花板、石窟的窟壁和窟顶、墓室或墓道的墙壁等。材质多为岩石体、木（竹）板、砖、土墙。修复后的馆藏壁画支撑体一般为木龙骨或蜂窝铝板。

（2）地仗层。为绘画画面做准备，存在于支撑体表面的结构层。常见的地仗是泥层（草泥地仗）、灰层（石灰、石膏地仗），其作用是找平、防止开裂和为绘画着色提供平整的表面。大多数墓室壁画采用的都是单层石灰地仗。石窟寺壁画和大部分寺观殿堂壁画多采用泥层。泥层一般由粗泥层和细泥层组成。粗泥层为地仗层中与支撑体紧密结合、起找平作用的含较粗纤维（麦草、粗麻等）

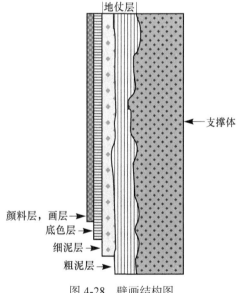

图 4-28　壁画结构图

或较大粒径砂砾的黏土质结构层。细泥层为地仗层中的粗泥层表面含有较细纤维（细麻、棉、毛、纸筋等）的便于作画的平整黏土质结构层。

（3）底色层。也称准备层、粉底层、白粉层，进一步改善绘画条件，衬托壁画主体色彩而在地仗表面所涂的底层。常用材料有熟石灰、石膏、高岭土、土红、石绿等。绝大部分底色层是为作画打底色的颜料层，有些则是在地仗表面直接刷一层胶矾水，

---

① 苏伯民、陈港全、王旭东等：《古代壁画病害与图示》GB/T 30237-2013，2013 年。

还有些壁画没有地仗层和底色层，直接于支撑体表面绘画。

（4）颜料层。也称画层，是壁画主要价值所在，由各种颜料绘制而成的壁画画面层。一般的壁画绘制方法是先由画师绘制小样，再将小样在纸上放大到需要的尺寸，然后在纸上沿线条扎孔，称扎谱子，将扎好的谱子贴在壁面上通过扑粉将稿子印在壁面，即过稿，然后由画师按照稿子绘制线条并在不同部位注明颜色的代号，由徒弟按照代号填色。有些画师水平高超，可直接用柳条炭（也称朽子）起稿，然后用墨线定稿，由徒弟填色完成。

（5）表面涂层。也称封护层。为渲染、增强画面效果，或保护壁画，在画面上涂刷的透明涂层。

2. 壁画制作材料

（1）黏土。世界上分布最广、使用时间最早、使用范围最广的建筑材料，也是壁画制作材料中最主要、最常见材料。黏土本身既是填料又是粘合剂，可以作为支撑体的主要材料，如土坯墙、夯土墙、墓道的生土、砖的生坯以及砌筑墙体时的砂浆，也可以作为地仗的主要材料，如草泥地仗、麻泥地仗，还可以作为颜料，如高岭土可以作为白色颜料使用。

（2）石灰。壁画地仗材料常用的材料。

石灰是通过煅烧碳酸钙质的材料而成，如石灰石、贝壳等。

当碳酸钙被加热到850～900℃时发生反应，形成氧化钙，称生石灰。

生石灰加水变成熟石灰后才可以使用，即生石灰加适量的水成为石灰粉（氢氧化钙），加过量的水成为熟石灰，俗称灰膏。

石灰粉与熟石灰化学成分相同，但性质却不同。石灰粉为固体，与填料混合后无法直接使用，需加水使之成为砂浆才可使用。而灰膏本身为膏体，易于与填料混合，使用方便，且由于水分子存在，可排除石灰和填料之间的空气，使石灰和填料之间结合更紧密。

熟石灰吸收空气中二氧化碳生成碳酸钙而硬化。

（3）颜料。壁画制作材料中最重要部分，分为矿物颜料和有机染料，其中矿物颜料分为天然矿物颜料、人工合成颜料（表4-13）。

表 4-13 古代常用颜料表 [①]

颜色	名称	化学式	备注
黑色	象牙黑 Ivory black	碳（Carbon），C	
	碳黑 Lamp black	碳（Carbon），C	

---

① Bell I M, Clark R, Gibbs P. Raman spectroscopic library of natural and synthetic pigments. *Spectrochimica Acta Part A*, 1997, 53: 2159-2217.

续表

颜色	名称	化学式	备注
蓝色	蓝铜矿 Azurite	碱式碳酸铜（Ⅱ）2CuCO$_3$·Cu（OH）$_2$	
	钴蓝 Cobalt blue	钴（Ⅱ）氧化铝玻璃 CoO·Al$_2$O$_3$	1775 年合成
	埃及蓝 Egyptian blue	硅酸铜（Ⅱ）钙 CaCuSi$_4$O$_{10}$	约公元前 3000 年合成
	青金石 Lazurite	Na[Al$_6$Si$_6$O$_{24}$]S$_n$，S$_3^-$&S$_2^-$	矿物（青金石）；1828 年合成（群青）
	蓝铜矾 Posnjakite	碱式硫酸铜（Ⅱ）CuSO$_4$·3Cu（OH）$_2$·H$_2$O	
	普鲁士蓝 Prussian blue	六氰合铁（Ⅱ）酸铁（Ⅲ）Fe$_4$[Fe（CN）$_6$]$_3$·14-16H$_2$O	1704 年合成
	靛蓝 Indigo	靛青 C$_{16}$H$_{10}$N$_2$O$_2$	植物提取
绿色	氯铜矿 Atacamite	碱式氯化铜（Ⅱ）CuCl$_2$·3Cu（OH）$_2$	
	铬氧化物 Chromium oxide	铬（Ⅲ）氧化物 Cr$_2$O$_3$	19 世纪早期合成
	钴绿 Cobalt green	锌酸钴（Ⅱ）CoO·nZnO	1780 年合成
	巴黎绿 Emerald green	醋酸和亚砷酸铜（Ⅱ）Cu[C$_2$H$_3$O$_2$]·3Cu[AsO$_2$]$_2$	1814 年合成
	孔雀石 Malachite	碱式碳酸铜（Ⅱ）CuCO$_3$·Cu（OH）$_2$	
	舍勒绿 Scheele's green	亚砷酸铜（Ⅱ）Cu（AsO$_2$）$_2$	1778 年合成
	铜绿 Verdigris	碱式醋酸铜（Ⅱ）[Cu（CH$_3$COO）$_2$]$_2$·Cu（OH）$_2$·5H$_2$O	
	铬绿 Viridian	氧化铬（Ⅲ）Cr$_2$O$_3$·2H$_2$O	1838 年合成
红色	雄黄 Realgar	α- 硫化砷（Ⅱ）As$_4$S$_4$	
	铁红 / 赭石 Red earths/red ochre	铁（Ⅲ）氧化物生色团（Fe$_2$O$_3$+ 黏土 + 硅石）	
	铅丹 Red lead	四氧化三铅（Ⅱ）（Ⅳ）Pb$_3$O$_4$	
	朱砂 Vermilion	α- 硫化汞（Ⅱ）HgS	
	胭脂红 Carmin	C$_{22}$H$_{20}$O$_{13}$ 胭脂红酸或 C$_{16}$H$_{10}$O$_8$ 胭脂酮酸	蚧壳虫，胭脂虫
	茜草素 Alizarin	C$_{14}$H$_8$O$_4$	茜草植物提取
白色	钡白 Barium white	硫酸钡 BaSO$_4$	矿物（重晶石）
	骨白 Bone white	磷酸钙 Ca$_3$（PO$_4$）$_2$	
	白垩 Chalk/calcite	碳酸钙 CaCO$_3$	
	石膏 Gypsum	硫酸钙水合物 CaSO$_4$·2H$_2$O	
	立德粉 Lithopone	硫化锌和硫酸钡 ZnS 和 BaSO$_4$	1874 年合成
	铅白 Lead white	碱式碳酸铅（Ⅱ）2PbCO$_3$·Pb（OH）$_2$	
黄色	钡黄 Barium yellow	铬酸钡 BaCrO$_4$	19 世纪初
	小檗碱 Berberine	[C$_{20}$H$_{18}$N$_1$O$_4$]$^+$ 加硫酸根或氯离子	黄檗染料染色基团
	镉黄 Cadmium yellow	硫化镉 CdS	

颜色	名称	化学式	备注
黄色	铬黄 Chrome yellow	铬酸铅（Ⅱ）$PbCrO_4$	稀有矿物铬铅矿。1809年人工合成
	深铬黄 Chrome yellow deep	铬酸铅（Ⅱ）$PbCrO_4 \cdot PbO$	1809年合成
	铬橙 Chrome yellow orange	铬酸铅（Ⅱ）$PbCrO_4 \cdot PbO$	1809年合成
	钴黄 Cobalt yellow	亚硝酸钴钾 $K_3[Co(NO_2)_6] \cdot nH_2O$	1809年
	藤黄 Gamboge	α- 和 β- 藤黄酸 $C_{38}H_{44}O_8$ 和 $C_{29}H_{36}O_6$	
	铅锡黄Ⅰ型 Lead tin yellow. Type Ⅰ	锡酸铅（Ⅱ）Pb_2SnO_4	
	铅锡黄Ⅱ型 Lead tin yellow. Type Ⅱ	硅取代锡酸铅（Ⅱ）$\cdot PbSn_{1-x}Si_xO_3$	
	铁黄 Mars yellow	氢氧化铁（Ⅲ）$Fe(OH)_3$	
	密陀僧 Massicot	正交铅（Ⅱ）氧化物 PbO	
	雌黄 Orpiment	砷（Ⅲ）硫化物 As_2S_3	

（4）胶结材料。即粘合剂，将其他材料粘结在一起，固定在墙壁表面。包括有机物（油、蛋清、动物胶、植物胶），也包括无机物（石灰、石膏、硅酸盐等）。

（5）附属物。起装饰作用，主要包括土、蜡、金属、树脂、金属和木材。平面的附属物包括纸、皮革和织物。

三、壁画病害

壁画常见病害有起甲、泡状起甲、粉化、颜料层脱落、点状脱落、疱疹、疱疹状脱落、龟裂、裂隙、划痕、覆盖、涂写、烟熏、盐霜、酥碱、空鼓、地仗脱落、褪色、变色、水渍、泥渍、动物损害、植物损害和微生物损害等，其中起甲、酥碱、空鼓是最为严重的3种壁画病害类型，有时同一处壁画多种病害并存。

病害分类与界定详见《古代壁画病害与图示 GB/T 30237-2013》《可移动文物病害评估技术规程馆藏壁画类文物 WW/T 0061-2014》。

四、壁画保护方案编制程序

（1）全面调查保护对象：主要开展的工作有文献资料、历史干预信息、考古资料等的收集，保存环境与保存现状的初步调查与了解。

（2）价值评估：根据中国文物保护准则要求，依据现场调查资料，采用各种分析方法，将壁画的价值按照历史、艺术和科学价值进行详细评估。

（3）壁画保护现状评估：利用照相机和测试仪器，对壁画摄影拼接成图后，进行壁画病害类型和分布调查，绘制壁画病害图，进行壁画制作材料与工艺的分析测试，初步分析病害成因，并根据假设病害成因，通过布设环境监测设备和模拟试验，开展壁画病害机理研究，查明壁画病害成因。

（4）确定壁画保护的现实目标：壁画保存的状态往往存在一定的问题，达不到理想状态，因此必须采取一定的技术或管理手段实施干预，才能达到或接近我们认为的理想状态。对必须干预保护的对象应该确定一个现实的保护目标，以使保护工作具有良好的可操作性，在确保状态稳定性的前提下，还要保证保护对象的真实性、完整性。

（5）壁画保护初步方案比选：针对壁画存在问题，提出多种可行的初步保护方案，并分析各种方案之间的优劣。

（6）壁画保护材料、工艺筛选：针对拟定的初步保护方案，通过分析不同保护材料的性能，进行室内模拟试验，开展保护材料与工艺筛选工作，优选出可行的保护材料。

根据室内试验结果，在现场不太重要部位开展小范围试验，并对保护效果评估，最终筛选出可行的保护材料和保护工艺，为保护方案详细设计提供依据。

（7）保护方案详细设计：根据以上调查和研究成果，进行壁画保护实施设计，达到修复人员可完全按照设计开展壁画保护修复的设计深度。

（8）壁画的长期监测和日常维护建议：通过一次保护工程并不能解决所有的保护问题，因此，保护修复项目的完成，并不是壁画保护工作的结束，为确保保护工程的效果和对壁画的及时有效保护，还需给出具体、可操作的监测和维护建议[①]。

在保护工作中强调使用成熟的保护技术，保护人员或学生可以参阅《馆藏壁画保护》《中国古代壁画保护规范研究》《干旱环境下古代壁画保护成套技术集成研发与应用示范研究》以及《北齐徐显秀墓壁画保护修复研究》等出版物。

五、案例：山东长清灵岩寺千佛殿彩塑保护

项目名称：山东灵岩寺千佛殿彩塑保护

文物名称：彩绘罗汉像 10 尊

收藏机构：济南长清区灵岩寺文物管理委员会

保护机构：山东省文物保护修复与鉴定中心

保护时间：2019 年

保护人员：蔡友振、王雪凝、李志敏、童永东、王传昌、张坤、杨海涛、张正义等

彩塑和壁画材质、产生的病害类型基本一致，其保护修复程序与方法相互通用，在大部分文献和著作中两者同时出现，本节以彩塑为例，阐述彩塑壁画保护修复相关内容。

---

① 王旭东：《基于中国文物古迹保护准则的壁画保护方法论探索与实践》，《敦煌研究》2011 年第 6 期。

1. 前言

山东省济南市长清灵岩寺位于泰山西北麓方山之阳的灵岩山翠谷中，是泰山世界自然和文化遗产的重要组成部分，是国务院 1982 年公布的第二批全国重点文物保护单位之一，被誉为"域内四大名刹"之首。灵岩寺始建于苻秦永兴年间，现存灵岩寺是唐贞观年间（公元 627～649 年）惠崇高僧迁建，后来几经损坏、修葺与重建。寺内千佛殿四周壁坛上置有四十尊彩绘泥塑罗汉像，被梁启超誉为"海内第一名塑"。本项目保护修复彩绘罗汉像 10 尊，罗汉像位于千佛殿东侧壁坛，选择东边第一尊达摩罗汉像的保护修复作为案例。

2. 病害评估

菩提达摩，意译为觉法。达摩为南天竺（印度）婆罗门人，香至王第三子，在中国为禅宗初祖（图 4-29）。

图 4-29 灵岩寺千佛殿东第一尊达摩尊者罗汉像

主要病害：表面污染、颜料脱落、点状脱落、起甲、龟裂、空鼓、地仗酥碱、裂缝、沥粉堆金老化、虫蛀（图 4-30）。

表面污染：塑像整体灰尘覆盖，头部、肩部、手臂部凸出部位尤为严重。

颜料脱落：衣领边缘、衣饰下摆、塑像与台基连接处、右腿部颜料层脱落。

点状脱落：面部及衣饰下摆红色颜料处。

起甲：面部、衣饰褶皱边缘以及褶皱内部，腿部支撑背板表面彩绘起甲。

龟裂：右侧衣饰红色下摆、膝盖部位。

颜料层空鼓：左侧衣摆黑底绿花颜料层大面积空鼓。

酥碱：左右两侧衣饰前下摆红色颜料下边沿以及右膝盖外侧面地仗酥碱。

裂缝：右下侧腿部支撑板及其上部位沿着原切割缝开裂。

图 4-30　灵岩寺千佛殿东第一尊达摩尊者罗汉像病害照片
1. 颜料脱落、起甲、点状脱落、龟裂　2. 颜料脱落、地仗酥碱　3. 表面灰尘覆盖　4. 虫蛀
5. 龟裂、起甲　6. 颜料层空鼓

沥粉堆金老化：衣领边缘处。

虫蛀：左臀部有虫蛀现象，衣领和手心处留有蚂蚁啃咬后蝉蛹尸体。

3. 科学分析

1）内部结构检查

通过 X 射线探伤结合内窥镜检查，了解了内部木龙骨保存现状，未发现明显的松动和糟朽现象（图 4-31）。

2）彩绘层分析

利用超景深光学显微镜和扫描电子显微镜分析研究罗汉像彩绘层结构（图 4-32；图版一，2；表 4-14）。

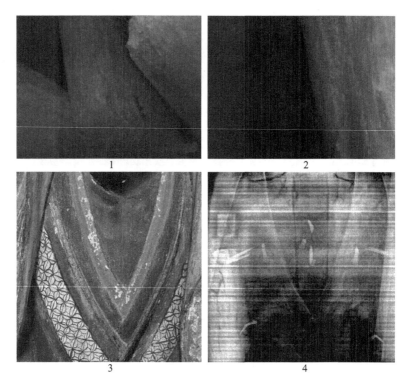

图 4-31　灵岩寺千佛殿东第一尊达摩尊者罗汉像 X 射线探伤照片（左为可见光照片，右为 X 光片）

1、2. 内部木龙骨　3、4. 胸腔各构件无断裂现象、通过铁钉连接

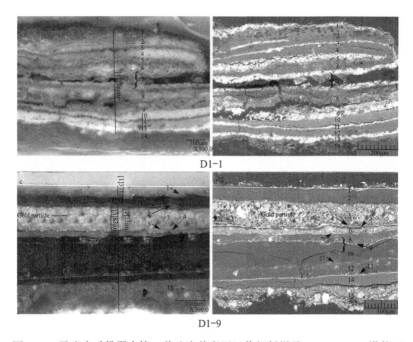

图 4-32　灵岩寺千佛殿东第一尊达摩尊者罗汉像颜料样品 D1-1、D1-9 横截面

超景深显微镜照片与扫描电镜背散射像对照图

（左为同轴光源下的超景深显微镜照片，右为背散射像；图中阿拉伯数字序号依次为从彩塑外表到胎体不同层的顺序）

表 4-14　达摩像彩绘层厚度、颜料层及底层数、第一层颜料层及底层厚度汇总表

样品编号	彩绘层厚度 /μm	总层数 / 颜料层（贴金）数 / 底层（胶层）数	颜料层及底层厚度 /μm
D1-1	578	14/7/7	L1 红褐色颜料层 55，L2 白色底层 84
D1-2	206	2/1/1	L0 有机物层 32，L1 红褐色颜料层 111，L2 灰白色底层 62
D1-4	382	4/2/2	L1 橙红色颜料层 46，L2 灰白色底层 189
D1-5	562	8/4/4	L1 蓝色颜料层 20，L2 灰白色底层 97
D1-6	423	8/4/4	L1 红色颜料层 30
D1-7	894	16/2+（6）/2+（6）	L1 贴金层 2
D1-8	352	3/1/2	L1 红色颜料层 42，L2 白色底层 145
D1-9	371	15/2+（6）/1+（6）	L2 贴金层 2，L2 胶结层 33
D1-11	210	5/3/2	L2 黑色颜料层 82
D1-12	223	3/2/1	L1 红褐色颜料层 157
D1-13	247	6/4/2	L1 红色颜料层 32，L2 橙色颜料层 21
D1-14	344	4/4/0	L1 黄色颜料层 68，L2 绿色颜料层 60
D1-15	746	5/5/2	L1 绿色颜料层 568
D1-16	223	5/2/3	L1 红色颜料层 47，L2 白色底层 40
D1-17	872	1/1/0	L1 白色颜料层 872
D1-18	288	4/3/1	L1 蓝绿色颜料层 77，L2 黑色颜料层 56

3）颜料种类分析

利用拉曼光谱分析千佛殿东第一尊达摩像颜料，确定各层颜料种类（图 4-33）。结果表明，红褐色颜料层有由赤铁矿（Fe_2O_3）和铅丹（Pb_3O_4）两种矿物调配而成；红色颜料层大多数为朱砂（HgS）单一矿物；橙色颜料层大多数为铅丹（Pb_3O_4）；粉色颜料层为赤铁矿（Fe_2O_3）和二氧化钛（TiO_2）颜料调配而成或由赤铁矿和白垩（$CaCO_3$）两种矿物调配而成；黄色颜料层为雌黄（As_2S_3）、或由铬黄（$PbCrO_4$）和白垩（$CaCO_3$）调配而成，或由铬黄和铅丹调配而成；蓝色颜料层为群青（$Na_8[Al_6Si_6O_{24}]S_n$）单一矿物，或由群青与白垩两种矿物调配而成，或为普鲁士蓝；绿色颜料有氯铜矿、巴黎绿；白色颜料层有铅白 $[2PbCO_3 \cdot Pb(OH)_2]$、白垩、菱镁矿（$MgCO_3$）。黑色颜料层有炭黑（C）。

4）可溶盐分析

罗汉像胎体底部和须弥座砖体产生酥碱病害，取酥碱部位样品分析其可溶盐。

酥碱部位样品可溶盐离子色谱分析结果如下（表4-15）。

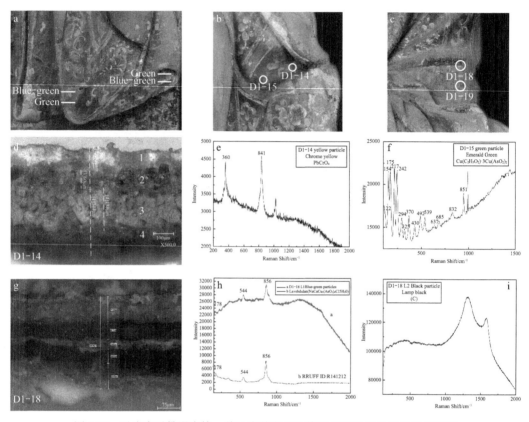

图4-33　灵岩寺千佛殿东第一尊达摩尊者罗汉像绿色颜料样品的拉曼光谱图

表4-15　灵岩寺千佛殿东第一尊达摩尊者罗汉像胎体和须弥座砖体酥碱部位样品可溶盐分析结果

编号	分析结果 mg/g						
	Cl^-	NO_3^-	SO_4^{2-}	Na^+	K^+	Mg^{2+}	Ca^{2+}
LY1	1.401	13.520	1.377	2.792	1.133	未检出	4.022
LY2	1.721	15.123	3.801	3.094	0.968	未检出	4.726
LY3	1.323	14.142	25.155	2.230	1.029	未检出	13.865
LY4	1.518	13.835	5.854	3.311	0.789	未检出	5.229

利用拉曼光谱分析罗汉像胎体和须弥座砖体酥碱部位样品浸出液烘干后所析出的结晶盐，结果为二水石膏和硝酸钾（图4-34）。

罗汉像胎体和须弥座砖体酥碱部位样品分析结果表明，酥碱部位中含有 Cl^-、NO_3^-、SO_4^{2-}、Na^+、K^+ 和 Ca^{2+}。阴离子中 NO_3^- 含量较高，阳离子中 Ca^{2+} 含量较高。Mg^{2+} 含量未达检测限。浸出液蒸发后，可溶盐离子以二水石膏与硝酸钾形式结晶析出。在环境相对湿度发生变化时，极易发生溶解−结晶循环，对罗汉像和须弥座造成破坏。

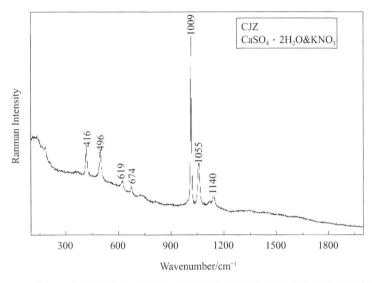

图 4-34 灵岩寺千佛殿罗汉像须弥座砖体酥碱样品浸出液析出结晶盐拉曼光谱图

4. 彩塑科学保护修复过程

1) 表面污物清理

首先使用洗耳球、毛刷清理表面疏松浮尘，然后使用棉签蘸取 2A 溶液（乙醇：去离子水，1∶1）滚动清理浮尘层。之后使用棉签蘸取 3% 六偏磷酸钠溶液清理颜料层，再用去离子水去除表面残留的试剂（图 4-35）。

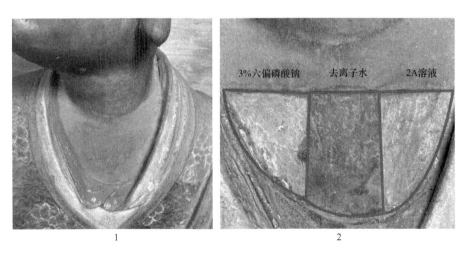

图 4-35 罗汉像胸部清理
1. 清理前 2. 局部清理效果对比

2) 起甲回贴

使用材料：0.5% 加固剂（丙烯酸乳液：有机硅丙烯酸溶液 =1∶1）、注射器、擦镜纸、木质修复刀、3% 六偏磷酸钠溶液、去离子水、棉签。

修复步骤：因起甲颜料层脆弱，先加固，再清理。使用注射器将 0.5% 加固剂滴加渗透到起甲颜料层下，待起甲卷曲的颜料层回软后，在半干状态下，将擦镜纸光滑面朝颜料层垫在木质修复刀下按压回贴。

待加固剂完全干燥后，使用棉签蘸取 3% 六偏磷酸钠溶液清理颜料层，再用去离子水去除表面残留的试剂（图 4-36）。

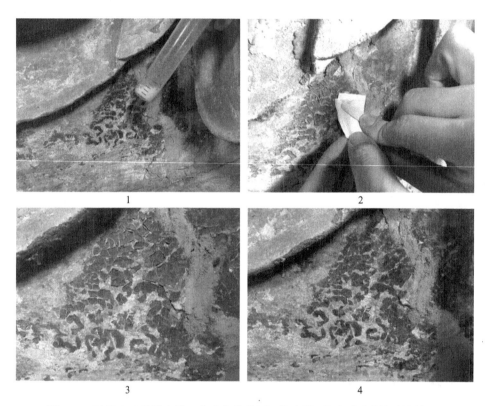

图 4-36　灵岩寺千佛殿东第一尊达摩尊者罗汉像衣服下摆红色起甲颜料层加固
1. 滴渗加固剂　2. 按压加固　3. 修复前　4. 修复后

3）酥碱加固与脱盐

使用材料：1% 加固剂（丙烯酸乳液：有机硅丙烯酸溶液，1：1）、注射器、擦镜纸、木质修复刀、毛刷、洗耳球、去离子水、擦镜纸、无纺布。

修复步骤：首先使用毛刷、洗耳球清理表面浮尘，再使用注射器将 1% 加固剂滴加渗透到酥碱部位，待加固剂半干状态时，将擦镜纸光滑面朝酥碱部位，垫在木质修复刀下按压加固，注意按压时切勿力量过大，以免在表面留下凹痕或者颜料层陷入地仗层内。

酥碱部位按压紧实后，脱盐处理，将打湿的擦镜纸、无纺布贴敷在酥碱部位脱盐处理，每隔 12 小时取下浸泡去离子水中，使用电导率仪检测数值，电导率值趋于稳定后，脱盐工作结束（图 4-37）。

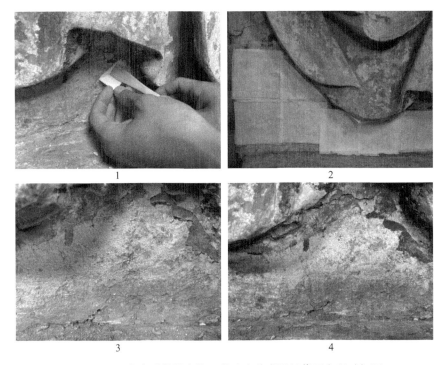

图 4-37　灵岩寺千佛殿东第一尊达摩尊者罗汉像下方酥碱加固
1. 按压加固　2. 脱盐处理　3. 修复前　4. 修复后

4）颜料脱落、点状脱落加固

使用材料：1% 加固剂（丙烯酸乳液：有机硅丙烯酸溶液 =1：1）、注射器、擦镜纸、木质修复刀。

修复步骤：首先使用毛刷、棉签去除表面浮尘；再使用注射器将 1% 加固剂滴加渗透到颜料层脱落部位，待加固剂半干状态下，将擦镜纸光滑面朝颜料层，垫在木质修复刀下按压加固（图 4-38）。

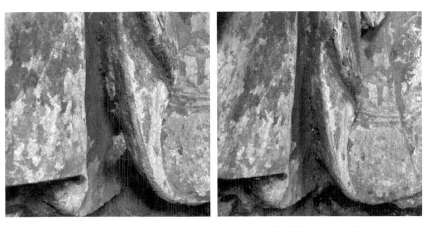

图 4-38　灵岩寺千佛殿东第一尊达摩尊者罗汉像下衣摆颜料脱落修复（左为修复前，右为修复后）

5）虫蛀防治

使用材料：去离子水、棉签、镊子。

修复步骤：使用棉签蘸取去离子水将虫巢与泥胎接触面润湿，防止清理虫巢过程对泥胎造成二次伤害，然后使用镊子夹住虫巢轻轻左右晃动取下。

使用硫酰氟进行熏蒸杀虫，彩绘罗汉像使用塑料膜单独封闭，然后施硫酰氟药剂，用药浓度为 30g/m^2，熏蒸时间 12 小时。

虫蛀残留的孔洞，使用黏土填补，干燥后修补，最后使用矿物颜料做旧（图 4-39）。

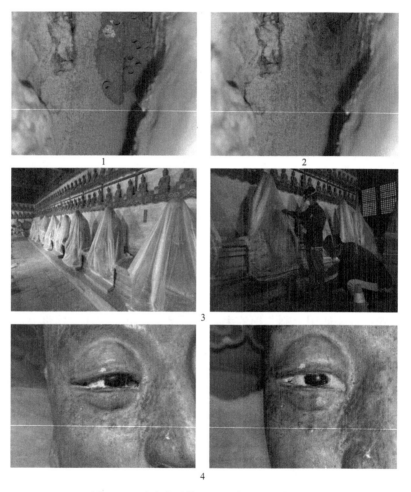

图 4-39　灵岩寺千佛殿罗汉像虫蛀防治流程
1. 内部虫巢清理前　2. 内部虫巢清理后　3. 薄膜覆盖　4. 熏蒸

6）残缺修补

使用材料：黏土、细沙、棉麻、糯米、朱砂、檀木、沉香。

修复步骤：泥塑补配材料采用传统调制手法，选用黏土、细沙、棉麻、糯米、朱砂、檀木、沉香，以及防虫、灭虫卵的多种中药等材料，作为主要配比原料。其中，黏土来源于本地黄河沉积泥土，具有质地细腻、结构密实、黏韧性强的特点。细沙为建筑工程河沙，颗粒细小、体块均匀，具有较好的结构直立性、承压性和抗击打性。选用棉、麻作为泥料调配的纤维筋骨，棉花纤维具有细腻、绵长、结实的特点，适于型体表面细腻效果的塑造。

　　把事先备好的香料、中药材粉碎为粉末状，取适量放入一定比例的水中，和糯米熬制成汁状。

　　将熬制好的糯米汁，按一定比例加入黏土和细砂中，调和至黏稠适度、均匀，再取适量的棉、麻铺放其上，经过多次捶打后，再加棉麻；反复捶打，直至适合塑造（图4-40、图4-41；图版二，1）。

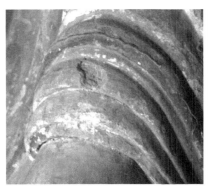

图 4-40　灵岩寺千佛殿东第一尊达摩尊者罗汉像手腕处修补
（左为修补前，右为修补后）

图 4-41　灵岩寺千佛殿东第一尊达摩尊者罗汉像修复前后照片
（左为修复前，右为修复后）

六、结语

壁画为不可移动文物，因环境因素复杂易引发严重病害，常常面临严重损坏的风险，加之壁画本身的脆弱性，致使保护修复难度极大。壁画保护的实施工作程序必须进行保护对象的价值评估、现状调查、制作材料与工艺研究、病害机理研究，在此工作基础上，编写现状调查报告、筛选修复材料和修复工艺、编制壁画保护方案、实施壁画保护工程，并按规范验收该壁画保护工程，建立该保护对象的长期监测体系。具体实施过程中，由盐害造成的空鼓、起甲、酥碱是壁画最常见、最为严重的三种病害，经过研究人员长期研究，研发了适合的材料和治理方法，分别为空鼓壁画灌浆技术、起甲壁画修复技术、酥碱壁画脱盐与修复技术，其中酥碱病害至今较难控制，保护修复后极易复发，酥碱病害中盐害问题及其治理是壁画保护研究的难点和热点。

第四节　石质文物保护

石质文物是指在人类历史发展过程中遗留下来的具有历史、艺术、科学价值的，以天然石材为原材料的遗址、遗迹、遗物。主要包括可移动的石刻、石雕（刻）艺术品、石制用具等，以及不可移动的石窟寺、摩崖题刻、摩崖造像、石质建筑物等。

一、石质文物材质

石质文物是由不同类型的岩石、开凿或建造而成的。不同类型的岩石有不同的物质成分和结构构造，导致石质文物的物理化学性质和风化程度及特征不同。

岩石是由一种或几种由不同地质作用所形成的矿物与其他组分的天然固态集合体，组成岩石的矿物称为造岩矿物。造岩矿物一般是硅酸盐或碳酸盐矿物。由一种矿物组成的岩石，即单矿岩，如石灰岩主要是由方解石矿物组成的单矿岩。由两种以上矿物组成的岩石就是多矿岩，如花岗岩是由长石、石英、云母等几种矿物组成的多矿岩。单矿岩的性质主要由其矿物成分及结构构造决定。多矿岩的性质则主要由其组成矿物成分、相对含量及结构构造决定。自然界中大部分岩石是多矿岩，只有少数岩石是单矿岩。

1. 岩石化学成分 [①]

岩石没有固定的化学成分和物理性质，同一种岩石，产地不同，其矿物组成和结构也有差异，因而其颜色、强度等性质也不相同。岩石的化学成分以组成元素的氧化物含量形式来表示，岩石作为构成地壳和地幔上部的物质，其构成化学元素主要是

---

① 刘强：《石质文物保护》，科学出版社，2012年，第11页。

O、Si、Al、Fe、Mg、Ca、Na、K、Ti 等元素，称为造岩元素，其氧化物主要是 SiO_2、Al_2O_3、Fe_2O_3、MgO、CaO、K_2O、Na_2O 等。

2. 岩石分类 [①]

岩石有多种分类依据，依据不同，会出现不同的岩石名称，它们之间有交叉，也有包含。

1）岩石按照成因分类

a. 火成岩

也称岩浆岩，岩浆是地壳中深部或上地幔物质部分熔融而产生的炽热熔融体。岩浆成分以硅酸盐为主，具有一定黏度，并溶有挥发分。可以是由全部为液相的熔融物质组成，称为熔体，也可以含有挥发分及部分固体物质，如晶体及岩石碎块。当岩浆上升侵入地壳或喷出地表，经冷却固结而成的岩石，就是火成岩。

由于岩浆成分和冷却凝固方式的不同，便形成了不同的火成岩。岩浆上升未达地表而在地壳一定深度凝结而形成的岩石就是侵入岩。由于冷却速度较慢，常为结晶质岩石。与侵入岩相对，岩浆喷出地表冷却形成的就是喷出岩。在火成岩中，由火山作用所形成的各种岩石，就是火山岩，其中既有喷出地表的，又有侵入地壳的，既包括熔岩和火山碎屑岩，又包括与火山作用有关的潜火山岩。

常见的火成岩有黄长岩、碳酸盐、煌斑岩、金伯利岩、辉绿岩、结晶岩、伟晶岩、紫苏花岗岩、深成岩、火山熔岩、潜火山岩、火山碎屑岩等。

b. 沉积岩

在地表常温、常压条件下，已形成的岩石在内外力的作用下，破碎成各种碎屑，这些风化物质连同火山碎屑、有机物及少量宇宙物质，经水流、风吹等搬运作用，堆积在陆地低洼处或水底，经沉积和成岩作用而形成的岩石，就是沉积岩。由于沉积岩形成过程的影响，沉积岩有两个主要特征，一是具有分层次的层理构造，二是岩石中可能会有化石的存在。这两个特征也为判定地质年龄和研究古地理环境提供了珍贵依据。

常见的沉积岩有砂岩、石灰岩、白云岩和砾岩等砂岩。

按沉积的外力不同，沉积岩可分为：由自然风化而逐渐破碎松散的岩石及砂等，经风、雨、冰川、沉积等机械作用而重新压实或胶结而成的机械沉积岩，如砂岩；由溶解于水中的矿物质经聚积、反应、重结晶等形成的化学沉积岩，如白云岩；以及由各种有机体的残骸沉积而成的生物沉积岩，如石灰岩。

---

① 刘强：《石质文物保护》，科学出版社，2012 年，第 11～16 页；种瑞元、汪美凤、杨柳等：《岩石分类和命名方案变质岩岩石的分类和命名方案》GB/T 17412.3-1998，1998 年；秦炳生、汪美凤、种瑞元等：《岩石分类和命名方案火成岩岩石分类和命名方案》GB/T 17412.1-1998，1998 年；杨柳、韩国明、汪美凤等：《岩石分类和命名方案沉积岩岩石分类和命名方案》GB/T 17412.2-1998，1998 年。

c. 变质岩

地壳中原来已存在的岩石，由于受到构造运动、岩浆活动或地壳内热流演化等内力的影响，以及陨石冲击的瞬时热动力作用等，使岩石在固态（或基本保持固态）情况下发生矿物成分、结构、构造甚至化学成分的变化，这些变化总称为变质作用。根据变质的主要因素和地质条件，可将变质作用分为区域变质作用、动力变质作用、接触变质作用、气液变质作用、混合演化作用等。

在变质作用条件下，地壳中已存在的岩石（可以是火成岩、沉积岩以及早已形成的变质岩），其矿物组合、结构、构造等发生新的变化，演变成为另一种新的岩石，称为变质岩。因变质作用的影响，这类岩石一般具有片状或片理，或有新产生的变质矿物等特征。

常见的变质岩有：板岩、千枚岩、片岩、片麻岩、变粒岩、石英岩、角闪岩、麻粒岩、榴辉岩、铁英岩、磷灰石岩、大理岩、钙硅酸盐岩、碎裂岩板岩、糜棱岩、角岩、矽卡岩、气–液蚀变岩、混合岩等。其中，由岩浆岩变质而成的岩石，称为正变质岩，如片麻岩；由沉积岩变质而成的岩石，称为副变质岩，如大理岩。

2）按组成分类

一般石质文物的保护，要对文物岩石的成分、结构等有充分了解，才能够有针对性地对之施以恰当的保护方式。因此，按照石材的成分和结构对岩石进行分类显得尤为必要，在建筑和装饰石材应用领域也多使用此种分类方法。

a. 花岗岩

花岗岩是一种深层的酸性火成岩。其矿物主要是由石英和长石组成，还可能含有辉石和角闪石，颗粒纹理均匀，颗粒的结晶较大，并且颗粒大小相似，不同种类矿物以规则或不规则方式相互交错排列，呈片麻或板状结构。其颜色通常从粉红到浅灰或深灰，色泽美丽、质地坚硬致密、强度高、抗风化、耐腐蚀、耐磨损、吸水性低，是建筑的好材料。天安门广场的人民英雄纪念碑和埃及的金字塔都属花岗岩文物。

花岗岩的主要化学成分包括 SiO_2、Al_2O_3、K_2O、Na_2O、CaO、Fe_2O_3、FeO、MgO 等。

b. 石灰岩

石灰岩主要由 50% 以上含量的碳酸钙（方解石矿物）或碳酸钙镁（白云石矿物），或是两种矿物的混合物组成的一种沉积岩，俗称"青石"。主要有灰屑岩、壳灰岩、白云岩、微晶石灰岩、鲕状灰岩、再结晶石灰岩、凝灰石等。

石灰岩中常有其他混入物，如白云石、黏土矿物和石英等，依所含混入物的不同，可以分为白云质石灰岩、黏土质石灰岩和硅质石灰岩，纯石灰岩中混入物一般少于 5%。

石灰岩的颜色常见的有白、灰、褐、浅黄、浅红等，质地细腻，易于雕刻，但由于其组成主要是碳酸钙矿物，所以不耐风化腐蚀。

c. 大理岩

大理岩因其盛产于云南大理而得名，是石灰岩或白云岩之类的碳酸盐矿物（方解石、白云石）受变质作用而重结晶的变质岩，故其矿物成分亦主要为方解石和白云石，含量在 50% 以上，常含有钙硅酸盐、钙镁硅酸盐、钙铝硅酸盐类矿物，例如硅灰石、滑石、透闪石、透辉石、镁橄榄石、方柱石、方镁石、云母、斜长石、石英等。其与盐酸反应会产生二氧化碳，具有等粒或不等粒的变晶结构，颗粒粗细不一。一般是白色，白色大理岩一般称为汉白玉，如果含有不同的杂质，就有各种不同的颜色，所以大部分拥有花纹或脉纹，磨光后美观。

d. 砂岩

砂岩属于沉积岩，主要由矿物和岩石颗粒胶结而成，其中含有 60% 以上砂粒（主要成分为二氧化硅），所以它的颜色和沙子一样，最常见的是棕色、黄色、白色。砂岩可分为：硅质砂岩、钙质砂岩、铁质砂岩、黏土质砂岩。砂岩具有硅土、氧化铁、碳酸盐或黏土凝结而成的一种多空隙结构，所以其耐酸性较好，吸水性好。

二、石质文物石材基本性质和劣化分析

1. 石质文物石材基本性质 [①]

1）石材物理性能

a. 密度

密度是指岩石单位体积的质量，但由于岩石中孔隙的存在，通常在自然状态下测量岩石的单位体积，实际上是包含了岩石孔隙的非真实体积。因此，在绝对密实状态下，测得的单位体积岩石质量，就按习惯称之为密度。与之相对，在自然状态下测得的单位体积的岩石质量，称之为表观密度，亦可称为容重。

b. 亲水性与憎水性

岩石在水溶液作用下表现出来的性质，称为岩石的水理性质，主要有岩石的亲水与憎水性、吸水性、软化性、抗冻性及透水性等。

岩石在空气中与水接触时，能被水湿润的，称为亲水性，否则为憎水性。为了表征岩石的亲水与憎水性，借助岩石对水的接触角直观表示。当接触角 $\theta < 90°$ 时液体能够润湿岩石，称岩石具有亲水性。特别的是，当 $\theta = 0°$ 时，水在岩石上完全铺展。当 $\theta > 90°$ 时，液体不能够润湿岩石，称岩石具有憎水性。

c. 吸水性

岩石吸水性是指岩石在一定条件下，吸收水分的能力，可用吸水率、饱和吸水率、饱水系数等参数表示。

---

① 刘强：《石质文物保护》，科学出版社，2012 年，第 17～23 页；周俊兴、魏艳、王震等：《天然石材试验方法第 1 部分：干燥、水饱和、冻融循环后压缩强度试验》GB/T 9966.1-2020，2020 年；周俊兴、余泉、陈军营等：《天然石材试验方法第 2 部分：干燥、水饱和、冻融循环后弯曲强度试验》GB/T 9966.2-2020，2020 年；周俊兴、余泉、永强等：《天然石材试验方法第 3 部分：吸水率、体积密度、真密度、真气孔率试验》GB/T 9966.3-2020，2020 年。

岩石吸水率是指岩石试样在大气压力下自由吸水的质量（或体积）与岩样干燥时的质量（或自然体积）之比，用百分数表示，前者称为质量吸水率，后者称为体积吸水率。

d. 耐水性

岩石耐水性是指岩石长期在水的作用下，其强度没有发生明显改变的属性，可用软化系数 k 表示，即岩石在饱和吸水状态下抗压强度与在干燥状态下的极限抗压强度之比。

e. 抗冻性

岩石吸水后，当温度降低至 0℃以下时，水就在岩石的孔隙内冻结成冰，冰体积膨胀产生冻胀压力，同时冰结晶也会在孔隙内产生结晶应力，使岩石遭到局部破坏，随着冻融循环的反复，破坏作用逐步加剧，这种破坏称为冻融破坏。

岩石抗冻性是指岩石在吸水饱和状态下，能经受反复冻融循环作用而不破坏、强度也不显著降低的性能。岩石的抗冻性与其矿物组成、晶粒大小及分布均匀性、胶结物的胶结性质等有关，此外岩石的强度、孔隙率与孔的结构、吸水性以及吸水饱和的程度也对岩石的抗冻性有很大的影响。岩石的抗冻性可用冻融循环次数来表示。岩石样品在吸水饱和状态下，能经受规定条件下冻融循环的次数，此处的规定条件一般为岩石的强度降低值不超过 25%，重量损失不超过 5%，则认为抗冻性合格。

2）石材力学性质

a. 强度

当岩石承受外力的作用时，内部产生应力，应力随着外力作用的增大而增大，直至应力增大到不能承受外力作用，此时岩石被破坏。岩石抵抗外力（载荷）作用引起破坏的能力，即为岩石的强度。

根据作用外力的不同，岩石的强度可分为抗压强度、抗拉强度、抗弯强度（或抗折强度）和抗剪强度等。其测定常用破坏性试验方法来进行，即将待测岩石，置于试验机上，按规定的速度均匀地施加载荷，直到试件破坏，由试件破坏时的荷载值，按相应计算公式，可求得材料强度。

b. 硬度

岩石的硬度是岩石表面抵抗其他较硬物体压入或刻划的能力，一般以莫氏或肖氏硬度表示。岩石的硬度与抗压强度具有良好的相关性，一般抗压强度越高，其硬度也越高。

c. 冲击韧性

材料在外力作用下，当外力达到一定的极限时，突然破坏而不发生明显的塑性变形的性质称为脆性。材料在冲击、震动载荷下，可以吸收较大的能量，并产生一定的塑性变形而不发生破坏的性质，称为韧性。岩石是典型的脆性材料。

d. 耐磨性

耐磨性是指石材在使用条件下抵抗摩擦、边缘剪切以及冲击等复杂作用的性质，以单位面积磨耗量表示。

3）石材化学性质

岩石化学性质主要是指岩石的化学风化，即岩体在空气、水与微生物等的作用下发生的化学反应过程，其结果不仅使岩石破碎，而且使岩石的成分、结构与构造都发生显著变化，甚至可使岩石变质。岩石化学风化作用方式有酸化、氧化、水化、碳酸盐化、溶解、水解与盐基交换，且水在化学风化过程中起主导作用。

4）石材热学性质

a. 岩石耐热性是指岩石在受热条件下，仍能保持其原有的物理机械性能的性质。如含有碳酸钙的石材，当温度达到827℃时开始破坏；由石英与其他矿物所组成的结晶石材，如花岗岩等，温度高于700℃以上时，石英受热晶型转变发生膨胀，导致强度迅速下降。

b. 导热性

岩石的导热性指其传导热量的能力，其大小可用导热系数表示。

2. 石质文物劣化检测

1）岩矿鉴定

主要依据薄片偏光显微岩相鉴定，矿物定量法可以获取定量结果[①]。

2）物理性质试验

对比劣化与新鲜岩石样品物理、水理性质测试结果，是评价劣化现状和劣化程度的重要的宏观指标（如密度变化、吸水率变化、崩解性状变化等）。对于部分劣化样品，孔隙度等指标的测试因需标准尺寸的试样而难以开展；相较之下，吸水率和崩解性状测试不受样品尺寸限制，可作为评价劣化程度的重要指标。

3）矿物成分分析

矿物成分含量的 X 射线衍射分析（XRD）是物质成分研究最重要的测试方法。主要测试成分包括石英、长石、方解石、白云石、云母和粘土矿物等。具体的黏土矿物类型及含量分析可以结合差热分析等方法。

4）矿物微观结构观测

一般采用扫描电镜分析技术（SEM）可观察新鲜岩石样品和劣化岩石样品胶结物矿物成分、新矿物（如石膏）的形成、孔隙变化、风化层厚度等。

5）现场分析

现场利用回弹仪测定岩石表面强度，结合概率统计法，对岩石表面风化程度进行半定量评价。

利用卡斯腾量瓶法定量、半定量地检测材料在一定压力下的毛细吸水能力和憎水能力，能够直观地反映石材表面的保存现状及在保护处理前后的吸水能力。

---

① 周俊兴、李永强、杨松林等：《天然石材试验方法第 18 部分：岩相分析》GB/T 9966.18-2021，2021 年。

利用地震法、声波法和超声波法反映岩石声学的特性，测定声波穿过石材所需时间、波幅特征以及频谱特性等，判断石材风化程度、裂隙或胶结性质等[1]。

三、石质文物病害

石质文物病害主要有裂隙、局部缺失、表面溶蚀、酥碱和泛盐、粉化、空鼓、层片状剥落、动物损害、低等植物损害、积尘、水锈结壳、彩绘石质文物表面颜料脱落等。

详细分类与界定详见《馆藏砖石文物病害与图示 GB/T 30688-2014》《可移动文物病害评估技术规程石质文物 WW/T 0062-2014》，可参考《石质文物保护工程勘察规范 WW/T 0063-2015》。

四、石质文物保护方案编制程序

1）基本信息与价值评估

开展石质文物的基本信息详细调查和记录，包括石质文物的编号、名称、时代、种类，文物级别或保护级别，来源或出土地点，收藏时间，陈列保管方式，雕制工艺、造型风格、图案、尺寸、体积，保护修复历史以及完残程度和功用等。

文物价值评估，包括历史、艺术和科学价值描述或说明，真实性、完整性、历史沿革等描述，在其收藏单位（或在本地区）文物研究中的作用，在同类别石质文物或在同时代文物考古研究中的重要性。

2）保存现状调查与评估

为做好石质文物保存现状的调查与评估，调查石质文物的材质鉴定及其一般状况；保存环境状况调查，包括所处地自然环境特点、环境污染状况以及人为破坏情况的监测、调查统计等；了解石质文物风化的主要影响因素；主要病害类型的调查与分类；病害现状的总体评估。

3）检测分析工作

石质材料及结构形式，包括岩石结构层理、石质内的风化变异，判断岩石的风化程度等；岩石颗粒大小，颗粒之间的胶结情况、变晶或玻璃状结构情况等；岩石矿物组成，氧化物的分析。

石质文物化学风化分析，包括分析表面的可溶盐成分，或可在石质文物上采集有代表性的岩芯样，分析沿深度方向的可溶盐成分；结合保存环境状况调查结果，分析岩石化学风化机理。

石质文物物理风化分析，包括岩石比重、密度、孔隙率、吸水系数、毛细吸水量、水力学膨胀系数、等温吸附曲线、抗拉抗折性强度；霜冻结冰造成的危害分析；岩石物理风化机理分析。

---

[1] 李宏松：《石质文物岩石材料劣化特征及评价方法》，文物出版社，2014 年，第 34～56 页。

石质文物生物风化分析，包括附着岩石生长的苔藓、地衣种属鉴定；生物侵蚀对岩石表层及内部危害的评估。

4）保护修复实验前期研究

根据条件选择拟采用保护修复技术措施和材料，开展实验室及现场保护前期研究，论证拟采用方法的可行性、有效性。

实验内容包括石质文物表面清洗、表面渗透加固、裂缝黏结锚固处理、补配修复以及表面封护处理等，确定保护修复处理的工艺，如处理工具与方法、养护条件等，明确使用材料，如材料种类及其浓度等。

5）根据调查和研究结果制定方案

明确具体保护修复措施、步骤以及相应要求，提出保存环境建议。

五、案例：山东长清灵岩寺石刻文物保护

项目名称：山东灵岩寺石刻文物保护

文物名称：灵岩寺石刻

收藏机构：济南长清区灵岩寺文物管理委员会

保护机构：山东省文物保护修复与鉴定中心、曲阜市三孔古建筑工程管理处

保护时间：2019 年

保护人员：蔡友振、王雪凝、薛芊芊、王上上等

1. 前言

山东长清灵岩寺保存大量历史碑记碑刻，根据形制有碑碣、墓志、摩崖题刻、嵌板等；根据内容分有篆言、纪事、述德、诗文四大类。篆言类有官方文书、圣旨、制诰碑等，纪事类有殿阁塔坊创建、重修碑等，述德类包括德政、传记、墓志铭碑等，诗文类则如诗词、书法碑。由于这些碑记都是实时记录，并且多数是由有身份和名望的官绅名人撰写，具有一定的权威性和代表性，蕴涵着丰富的人文史迹，是考察研究灵岩寺历史的依据，亦是研究当地宗教文化、书法艺术价值重要实物资料。

灵岩寺现存石刻保存条件极差，基本处于露天环境中，个别石刻保存于御书阁或龛窟内。经过上千年的风吹、日晒、雨淋、霜冻、空气污染等和人为破坏，存在严重病害，影响石刻的美观与完整性，而且大多数病害仍处于发育状态，加之近年来环境变化，石质文物风化速度加快，亟待开展保护修复工作。

2. 病害评估

灵岩寺内石刻文物种类较多，保存环境复杂，保护修复共约 460 块石刻。

从保护和保存环境角度出发，分为两大类：一是连山类的洞窟造像，仅有一例积翠证明龛；二是独体类石刻，由一块石料雕刻的独石雕刻，如石碑、经幢、狮子等，

在本次修复中占比重较大。根据其暴露在自然环境中的情况，将独体类石刻分为两小类，一是石碑板，即在扁平石板的一面雕刻文字和图像，具有一个主要的朝向面，将石碑嵌砌在房屋墙壁上、崖壁上、建筑物基座上，只露出有文字或图案的一面，比如御碑崖上的乾隆御诗碑、大雄宝殿墙壁上的石碑、辟支塔底座上阿育王故事嵌板等；二是未嵌入墙体、崖壁内的石刻，包括石碑、石柱体（经幢、八棱石柱）和石像生（石雕的人像、动物或神像）。

连山类造像，普通保管方式，半露天保存环境；独体类石碑板除白云洞和鲁班洞内石碑板外，其余均为露天保存；独体类石刻只有少部分保存于御书阁内，室内环境难以控制；此外，绝大数独体类石刻露天保存，一部分石刻放置于台基上，一部分直接放置于地上（图4-42）。

图4-42 灵岩寺石刻保存条件

1. 嵌入台基的石碑板　2. 嵌入墙体的石碑板　3. 嵌入崖壁的石碑板
4. 嵌入墙体的石碑板　5. 台基上的石柱　6. 地上石碑

通过现场的调查分析发现，这批石刻病害类型主要包括残损、断裂、结壳、人为污染、污染、表面溶蚀、片状剥落、裂隙、水泥修补、粘接修复、颜料脱落、生物病害等。

1）残损

灵岩寺石刻部分有残损病害。这种病害是指石质文物受外力作用导致的基体缺失。残损病害多存在于石像生和石柱体，石碑残损较少（图 4-43）。

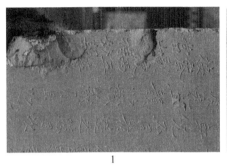

图 4-43　灵岩寺石刻残损病害
1. 石碑（305）　2. 石碑（008）

2）断裂

断裂是指石质文物在外力作用下，发生贯穿性且有明显断开与错位的现象。这类病害属于稳定病害，一般需要粘接修复（图 4-44）。

图 4-44　灵岩寺石刻断裂病害
1. 石塔（033）　2. 石碑（288）

3）表面结壳

表面结壳的病害现象是指表面形成的硬质覆盖层。这类病害为活动病害、诱导性病害。石刻与不同的介质接触，一些物质在表面形成了难以剔除的结壳，有的以片状形式存在，有的以点状形式存在，或覆盖石刻纹饰，直接影响石刻的艺术欣赏价值，不利于石刻的保存，需要清理（图 4-45）。

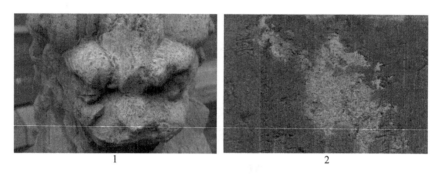

图 4-45　灵岩寺石刻结壳病害
1. 石狮子（298）　2. 石碑（081）

4）人为污染

人为污染指人为涂鸦、书写及烟熏等造成的石质文物表面污染现象。石刻表面主要有油漆、烟熏、拓印墨迹、石灰污染（图 4-46）。

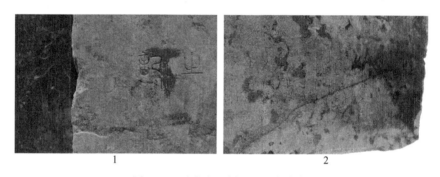

图 4-46　灵岩寺石刻人为污染病害
1. 石碑（019）油漆污染　2. 大灵岩寺碑（040）烟熏污染

5）污染

室外保存的石刻，绝大数表面存在类似于铁锈的红褐色污染。该污染主要在石刻保存过程中逐渐形成（图 4-47）。

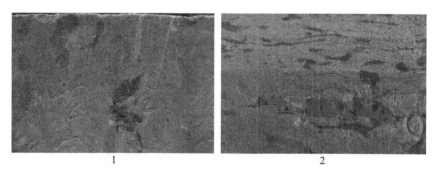

图 4-47　灵岩寺石刻红褐色污染病害
1. 石碑（015）　2. 石柱（365）

6）表面溶蚀

灵岩寺石刻表面均存在不同程度的溶蚀，主要是由石刻与环境中水分和盐类等发生反应形成的表面坑窝状溶蚀病害。这类病害为可诱发型病害和活动病害（图4-48）。

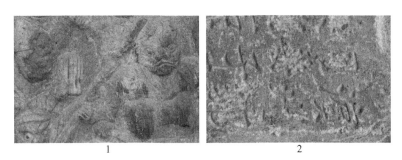

图4-48　灵岩寺石刻表面溶蚀病害

1. 辟支塔底座石碑板（436）　2. 石柱（363）

7）片状剥落

片状剥落指由于外力扰动、水盐破坏、温度周期变化等因素导致石质文物表层发生片状剥落。这类病害为活动病害和可诱发病害，灵岩寺石刻均存在不同程度的片状剥落（图4-49）。

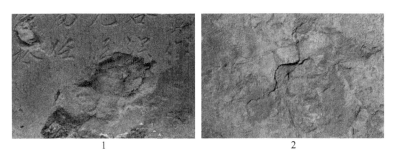

图4-49　灵岩寺石刻表面片状剥落病害

1. 石碑（010）　2. 辟支塔底座石碑板（409）

8）裂隙

灵岩寺石刻存在裂隙病害现象，外力扰动、受力不均以及自然风化、溶蚀导致的沿石材纹理发育形成较小裂隙，也有一部分由于荷载形成裂隙。这类病害为活动病害和可诱发病害（图4-50）。

9）水泥修补

在调查中发现灵岩寺石刻早期使用水泥砂浆修补残缺部位（图4-51）。

10）生物病害

灵岩寺部分石刻裂隙或片状脱落后形成的凹坑中有苔藓繁衍生长。这类病害为活动病害（图4-52）。

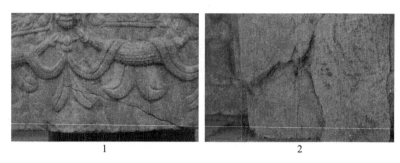

图 4-50　灵岩寺石刻裂隙病害
1. 经幢（277）　2. 辟支塔底座石碑板（429）

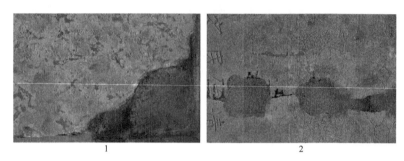

图 4-51　灵岩寺石刻水泥修补病害
1. 石碑（304）　2. 石碑（308）

图 4-52　灵岩寺石刻生物病害
1. 石碑（309）　2. 石碑（032）

3. 科学分析

1）石刻材质分析

XRD 分析结果表明，灵岩寺石刻主要为石灰岩，含有大量方解石，以及石英（表 4-16；图 4-53）。

表 4-16　石刻样品 XRD 分析结果

样品位置	主要物相
石碑表面	方解石 99.5%、石英 0.5%

续表

样品位置	主要物相
石碑表面	方解石 96.2%、石英 3.8%
石碑表面	方解石 95.4%、白云石 4.1%、石英 0.5%
石柱表面	方解石 77.9%、石英 15.3%、铁白云石 6.8%

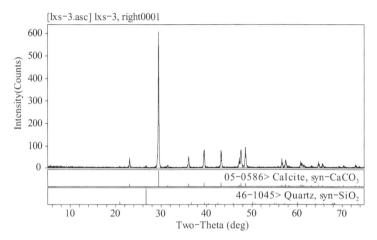

图 4-53　灵岩寺天王殿东碑林一排四石碑 XRD 图谱

2）石刻表面形貌分析（图 4-54；表 4-17）

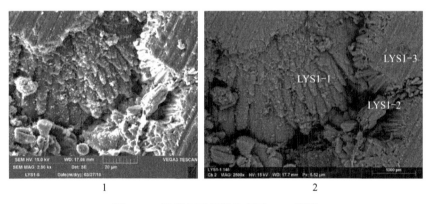

图 4-54　灵岩寺石刻样品表面 SEM 图像

表 4-17　灵岩寺石刻样品表面 SEM-EDS 分析结果

图样号	C	O	Ca	S
lys1-1	9.9	48.7	40.8	0.6
lys1-2	8.8	40.8	48	2.3
lys1-3	10.5	45.3	42.7	1.6

石刻样品 SEM-EDS 分析结果表明，石碑表面形成片状石膏溶蚀物（图 4-55；表 4-18）。

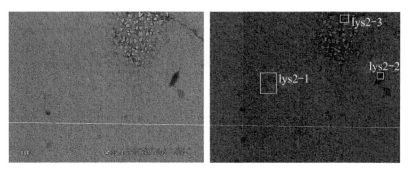

图 4-55　灵岩寺石刻样品表面可溶盐 SEM 图像

表 4-18　灵岩寺石刻样品的表面可溶盐 SEM-EDS 分析结果

图号	C	O	Fe	Na	Mg	Al	Si	Cl	K	Ca
lys2-1	25.01	23.53	—	1.07	0.61	0.7	1.82	0.9	0.72	45.65
lys2-2	50.75	8.77	—	4.86	0.22	0.3	0.33	5.71	1.81	27.26
lys2-3	28.44	4.42	1.85	19.25	0.33	0.42	1.09	27.38	4.11	12.71

石刻样品表面可溶盐 SEM-EDS 分析结果表明，石碑表面存在 NaCl 盐结晶。

4. 石刻文物科学保护修复

1）表面清洁

使用软毛刷、电吹风等对石刻表面的灰尘、浮土清理；用棉签蘸纯净水擦洗表面泥污；用镊子夹取脱脂棉蘸取少量乙醇、丙酮等有机溶剂对表面的油漆和墨迹等人为污染物在常温下擦拭清洗；用棉签蘸 5%EDTA 水溶液擦洗较薄红褐色污染斑和表面泛红部位，效果不明显时，可用软毛刷配合 5%EDTA 水溶液刷洗，用纯净水将残留试剂冲洗干净；用配置铜丝刷的电磨机轻轻打磨之前水泥粘接部位，待接近石刻表面时，用洁牙机或手术刀去除，再用去离子水冲洗干净（图 4-56；图版二，2）。

2）表面脱盐

采用石质文物专用脱盐纸浆，将纸浆均匀涂敷在风化石质表面，厚度不超过 10 毫米，利用毛细作用，石刻表面中的盐分吸附到纸浆上，更换新鲜的纸浆，重复 3～4 遍，用电导仪测试脱盐纸浆浸泡液，以确定可溶性盐脱除效果。

3）剥落粘接

石刻存在片状剥落、起翘，粘接未完全掉落的石片。

用软毛刷或洗耳球轻轻除去石片表面及缝隙的灰尘和碎石粉，然后用去离子水清洗干净并自然风干。

将调制好的粘接修补砂浆均匀适量地抹在石片剥离面。并使剥离石块归位，然后压紧。涂抹时，保证补配砂浆在修复施工过程中不污染其他石质文物区域。最后采用牙科工具修补边缘。养护 24 小时（图 4-57）。

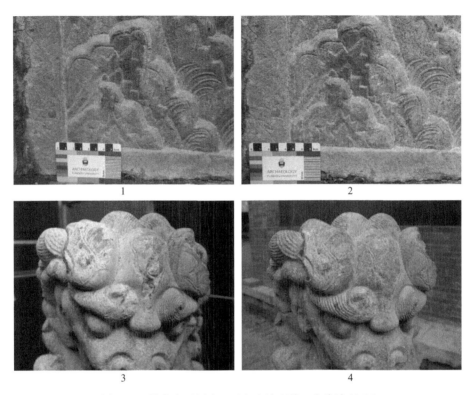

图 4-56 灵岩寺石刻清理（左为清理前，右为清理后）
1、2. 辟支塔塔基石碑 3、4. 石狮（西）

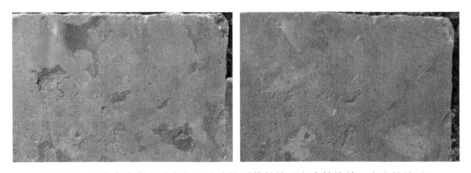

图 4-57 灵岩寺东郡守孙庭相至碑片状剥落粘接（左为粘接前，右为粘接后）

4）裂隙处理

采用毛刷、洗耳球或牙科工具清理裂隙表面及内部的泥土、灰尘及其他杂物，清理完毕后用去离子水清洗干净。使用配制好的粘接修补材料通过灌浆工艺进行封缝处理；灌浆过程中需确保修补材料充分填充至裂隙内部，随后养护 24 小时，并采用粘接修补材料进行灌浆裂隙表面修复。浅层性裂隙则采用 50%Remmers300E 渗透加固；根据风化程度不同分别进行 1～3 次加固施工（图 4-58）。

图 4-58　灵岩寺长清县申准执照碑裂隙处理（左为处理前，右为处理后）

5）断裂粘接

首先对贯穿性断裂石质文物视情况进行拆卸。用软毛刷或洗耳球轻轻除去断裂面的灰尘和碎石粉，然后用去离子水清洗干净并自然风干。将适量调制好的环氧树脂均匀地涂抹在断裂面。涂抹时，保证用粘接材料在修复施工过程中不污染其他石质文物区域。将断裂块归位，然后压紧。最后采用牙科工具修补边缘。使用水硬性石灰适当填补，保证文物稳固、安全的基础上使其相对美观，适当增加文物的艺术观感（图 4-59）。

图 4-59　灵岩寺石塔贯穿性断裂修复（左为修复前，右为修复后）

6）修补

依据石刻形态、完整程度等先行评估是否有补配必要，如不影响器物力学稳定性，可酌情作补配，如对器物整体的力学结构产生影响需进行补配。用粘接修补材料补配修复较小的残缺部位、片状剥落后形成的凹槽等。对于较大残缺部位，用与原造像材质相同的石材经雕刻成型后，粘接补配（图 4-60）。

图 4-60　灵岩寺石狮修补（左为修补前，右为修补后）

7）防风化加固

针对石刻表面风化严重部位采用 50%Remmers300E 乙醇溶液防风化渗透加固。先用去离子水和毛刷清理石刻表面。待表面干燥后，再喷涂加固材料，从下往上涂刷，不挂流。根据风化程度不同加固 1～3 次。自然养护 24 小时。

六、结语

石质文物，包括石窟寺、石雕像、摩崖石刻、碑刻等形式，多处于露天或半露天环境保存，馆藏石刻处于室内保存环境。以石窟类为主体的大型石质文物，大多存在水患、赋存岩体失稳导致的结构损伤破坏、本体污染、表面风化等问题，这类石质文物保护具有专业性、复杂性、综合性强的特点，涉及大型工程实施，未在本节阐述范围内。本节所选案例，包含表面清洗，脱盐，表面封护防风化和加固等四个基本方法，适用于大多数形式的石质文物保护修复，具有较好的示范性。

第五节　土遗址保护

土遗址是人类历史上生产、生活等活动遗留下的以土为主要材料的遗迹，是一种重要的文物资源。我国常见的土遗址类型有古建筑基址、古城、陵墓、古代手工业及矿冶遗址、革命遗址及革命纪念建筑物等。我国土遗址建筑形制主要有生土、夯土、垛泥、土坯、土块及加筋土等不同类型。土遗址主要成分包括组成土体的石英、长石、高岭石、粘土类矿物及天然有机纤维物（如竹条、麦秸秆、稻草等）[1]。一方面土遗址主要构成材料（地表岩石风化产物的堆积物）具有表面积大、结构疏松、吸附能力强、易崩解等特点；另一方面土遗址所处环境因素不可控，长期受自然地质、环境因素及人为干扰的破坏，表面风化严重、开裂甚至坍塌[2]，时刻危及遗址的保存甚至彻底毁灭

---

① 孙满利、王旭东、李最雄：《土遗址保护初论》，科学出版社，2010 年。
② 李最雄：《丝绸之路古遗址保护》，科学出版社，2003 年。

遗址，所以对土遗址采取科学保护刻不容缓。

土遗址保护起步较晚，国际上真正意义上的土遗址保护始于 20 世纪 60 年代，国内土遗址保护工作开展更晚，20 世纪 80 年代末才开始在少数几个地方进行土质遗址科学保护研究试验[①]。土遗址保护作为文物保护的一个重要分支，由于受环境和社会影响非常大，又涉及多学科的交叉，因此一直都是个世界性难题[②]。在广大文物保护工作者的不懈努力下，至 21 世纪初我国的土遗址保护工作取得了长足进展，所涉及的研究内容也越来越广泛，主要集中于土遗址病害类型及成因分析、土遗址加固保护材料及加固保护技术、土遗址加固保护效果等方面。西北干旱地区土遗址加固保护已形成一定的体系，大量土遗址加固工程也取得了良好的加固保护效果[③]，有益的研究经验推动了行业发展，业内逐渐以该区域土遗址保护理论与方法为依据，开展土遗址保护研究工作，其科学保护主要涵盖以下方面。

一、土遗址赋存环境调查

土遗址破坏受保存环境影响很大，对土遗址赋存环境的研究有益于病害机理的分析和科学有效的保护，需要对土遗址的赋存环境做详细的探查。土遗址的环境主要包括地形地貌、地层岩性、水文、地质构造和地震等地质环境；温度、湿度、风的特征和大气降水特征等气象条件；粉尘及漂浮物和酸雨等大气污染。土遗址大多处于露天环境，对其环境的控制手段还不是很完善，目前主要从研究土遗址本身抵抗环境影响着手解决其保护问题。土遗址保护的根本点就是研究环境对文物的作用，并把环境对文物的破坏作用降到最低。

二、土遗址病害调查

土遗址病害反应土遗址的破坏形式，只有明确了土遗址的病害及机理，才能更加科学更有针对性地开展保护研究工作。

土遗址的性质由多方面因素共同制约，只要有一个参数不同，土遗址所表现出来的性质和病害形式也就不一样，所以土遗址病害表现形式复杂多样。由于土遗址病害的多样性与复杂性，因此用统一规范的文字进行描述比较困难，目前没有形成土遗址病害相关的规范或标准，存在着很多不同的土遗址病害分类与评估方法。在众多土遗址病害分类方法中，比较科学并且认可度较高的是根据土遗址病害成因分类。根据土遗址病害产生原因，土遗址的病害一般可分为自然病害和人为病害两大类。其中自然病害主要是由于自然环境的变化引起，包括龟裂、裂缝（隙）、坍塌、雨（水）蚀、风

① 黄克忠：《走向二十一世纪的中国文物科技保护》，《敦煌研究》2000 年第 1 期；黄克忠：《岩土文物建筑的保护》，中国建筑工业出版社，1998 年。

② 孙满利：《土遗址保护研究现状与进展》，《文物保护与考古科学》2007 年第 4 期。

③ 李最雄：《丝绸之路古遗址保护》，《中国文化遗产》2004 年第 3 期。

蚀、盐蚀、霉菌、粉化、变形、动植物破坏等，而人为病害主要是由人类活动如动土挖掘、盗掘及不适当保护引起的[①]。自然病害和人为病害的几种主要类型如图 4-61。

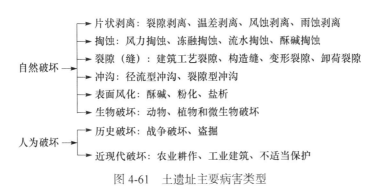

图 4-61　土遗址主要病害类型

　　反复干湿和盐渍耦合作用是干旱区夯土发生劣化的重要影响因素。遗址夯土作为一种露天保存的多孔材料，在集中降雨过程中，不仅引起夯土体中的水盐发生运移，并且在强烈快速蒸发作用下会引起脱湿干缩－吸湿膨胀与结晶膨胀－溶解收缩的耦合过程。在反复的脱湿干缩－吸湿膨胀与结晶膨胀－溶解收缩的过程中，在孔隙压力、体积膨胀以及水分子的楔入软化作用的共同作用下，夯土体的孔隙扩张，粒间连接变弱，骨架软化刚度降低，结构遭受严重破坏，因而表现出崩解时间缩短、塑性变弱、抗风蚀能力降低、抗拉抗压强度衰减的劣化表现[②]。而土遗址的可溶盐随着水分被蒸发掉，被溶解的物质结晶出来，产生结晶压力，造成土体表面结壳和表面外观的改变，表层崩裂、酥碱粉化和硬皮、片状、层状和块状剥落等[③]。西北干旱区风蚀作用是土遗址发生劣化的另一重要影响因素，土遗址土体颗粒在风力作用下发生相对滑动，从而导致土体颗粒分离，在长时间的风蚀作用下易造成掏蚀、坍塌等病害[④]。生物破坏作用包括三方面：生物巢穴破坏，主要包括鸟巢、鼠洞、土蜂巢，这类病害可导致墙体结构疏松，为其他病害提供了条件；生物粪便污染，主要是生物粪便含有大量有机物和无机物，对土遗址具有很强的腐蚀作用[⑤]；生物直接摄食，一方面导致遗址土壤的松动，另一方面其在遗址土壤上的摄食运动，使遗址墙体上土粒在重力作用下脱落，间接作用则表现为摄食行为以外的影响，它们通过在土壤中的水平或垂直运动，散布微生物，从而间接地调节有机质的分解[⑥]。植物根系生长也对土遗址有一定的破坏作用，容易造

①　Akiiiciturk N, Kiiic M. A study on the tire protection of historic Cumalikizik village. *Journal of Cultural Heritage*, 2004 (5): 213-219.

②　崔凯、谌文武、张景科等：《干旱区古代建材夯土特征及劣化机理研究》，《四川大学学报工程科学版》2012年第 44 卷第 6 期。

③　赵明霞：《浅谈土遗址加固保护的措施》，《山西建筑》2008 年第 34 卷第 8 期。

④　王旭东、李最雄、谌文武：《土遗址保护关键技术研究》，科学出版社，2013 年。

⑤　赵海英、李最雄、韩文峰等：《西北干旱区土遗址的主要病害及成因》，《岩石力学与工程学报》2003 年第 22 卷第 2 期。

⑥　郝宁、陈平、赵冬等：《高昌故城病害调查及成因分析》，《宁夏工程技术》2008 年第 7 卷第 1 期。

成根劈现象使土体变得疏松[①]。地震引起的强烈震动也是西北干旱区土遗址病害成因之一[②]。人为破坏主要是由于古时战事，近代盗掘，宗教信仰变迁，农民挖遗址建筑当肥料以及游人随意攀登、刻划等均对遗址建筑造成破坏。

水是影响潮湿环境土遗址保存状态最关键的因素。水与遗址保护有密切的关系，水的三种存在状态以及三态之间的转化都能够对遗址产生影响，"水害"治理一直是文物保护重点及难点[③]。水可以通过多种途径侵入文物遗址，由大气降水通过顶部裂隙进入、潮湿空气带入遗址内的凝结水，遗址底部地下水引起毛细水等。土遗址所处干湿循环交替的环境会改变遗址区围岩体的渗流场[④]，水分的运移会在一定程度改变土体的微细观结构，特别是土体中的易溶盐在干湿交替环境下发生的盐渍作用，降低遗址土体的力学、物理和水理性质，导致各种病害发育，这与干燥环境土遗址盐害作用机理基本相同。良渚土遗址和南京大报恩寺土遗址的收缩、表层剥离、开裂和坍塌病害都与遗址土体含水率密切相关[⑤]。

三、土体基本性能研究

同病害类型及病害机理研究相似，为了达到理想的加固保护效果，要明确加固土体的基本性能，才能针对性地开发保护材料与方法。土体主要基本性能指标及相应测试方法如下。

1. 成分分析检测方法

利用扫描电子显微镜（SEM）观察土体微观形貌与结构；利用 X 射线荧光光谱（XRF）定性或半定量分析土体元素组成；利用 X 射线衍射（XRD）分析土体矿物的晶体类型与结构；利用红外光谱检测土体矿物的化学键和官能团；利用差热分析技术测试土体中各矿物的种类、成分与含量；利用离子色谱法测试土体中可溶盐的成分与含量。

2. 土工性质分析方法

参考 GB/T 50123-2019[⑥] 土工试验方法标准测试土体的工程地质性质，主要包括土的比重、土的密度和土的容重、土的含水量、土的饱和度、土的孔隙度、孔隙比等物理性质；土的透水性、土的毛细性、土的特征含水量（塑限、液限、塑性指数、液性指数）、膨胀性（体膨胀率、线膨胀率、膨胀力、自由膨胀率）、收缩性（体缩率、线

① 赵海英、魏厚振、胡波：《夯土长城的主要病害》，《全国岩土与工程学术大会》，2006 年。
② 孙满利、王旭东、李最雄：《西北地区土遗址病害》，《兰州大学学报（自科版）》2010 年第 46 卷第 6 期。
③ 郭宏、黄槐武：《文物保护中的水害问题》，《文物保护与考古科学》2002 年第 1 期。
④ 崔凯、谌文武：《干湿交替与盐渍双重作用下干旱和半干旱地区土遗址劣化效应》，《中南大学学报（自然科学版）》2012 年第 43 卷第 6 期。
⑤ 张虎元、刘平、王锦芳等：《土建筑遗址表面结皮形成与剥离机制研究》，《岩土力学》2009 年第 30 卷第 7 期。
⑥ 蔡正银、王芳、高长胜：《土工试验方法标准》GB/T 50123-2019，2019 年。

缩率）、崩解性等水理性能；土的压缩性、土的抗剪性、土的击实性等力学性能。

四、加固保护技术研究

在土遗址赋存环境调查、病害及机理调查、土体基本性能研究的基础上，筛选或研制适于不同土遗址病害的加固保护材料与工艺，大体分为以下几种。

1. 防风化加固保护

土遗址经过光照、降雨、风蚀、温湿度变化等自然因素的长期作用，原来在各种因素作用下互相结合的土体颗粒之间的结合力减弱或消失，颗粒间距加大，导致大多数土遗址出现不同程度的风化破坏如表面粉化、剥离。针对此类病害，主要采用能改善风化土体抵抗外界环境作用能力的材料进行防风化加固保护。土遗址防风化加固材料可分为无机材料、有机高分子材料、无机－有机复合材料等，各项分类下又包括多种加固材料，需要根据土遗址性质和病害情况针对性选择。

2. 掏蚀、缺损修补

土遗址出现掏蚀、缺损病害会影响整体的结构稳定性，当病害达到一定程度时容易形成坍塌破坏，对土遗址造成不可挽回的损失。土遗址掏蚀、缺损修补是用与土遗址界面兼容性、粘接性良好，具有一定强度及耐久性能的材料对土遗址缺损部位填充补齐。土遗址的主要建筑材料是土，所以土遗址缺损部位修补加固也应以土质材料为主，目前采用的主要包括各类夯土（纯夯土、石灰土）、土坯、土块及垛泥块等，修补材料的形式应根据遗址土体的病害类型和特点加以选择。

3. 裂隙灌浆加固

同土遗址掏蚀、缺损病害相似，裂隙病害同样会对土遗址的结构稳定性产生不良影响。雨水通过裂隙渗入墙体会使得土体软化，引起墙体失稳，严重时会引起墙体坍塌。土遗址裂隙灌浆是用与土遗址界面兼容性、粘接性良好，具有一定可灌性、强度及耐久性的材料对土遗址裂隙填充补齐。土遗址保护主要采用接缝及补强灌浆和固结灌浆，采用的主要灌浆加固材料包括水玻璃类灌浆材料、木质素类浆液、丙烯酸盐类浆液、石灰土混合灌浆材料等，灌浆加固材料性能参数需根据土遗址裂缝的特性选择。

4. 加固保护效果评价

土遗址加固保护效果评价可以指导加固材料的选择，以往的研究常从土遗址加固前后各项性能指标的变化来评估加固保护效果，主要包括土体加固过程指标测定、土体外观性指标测定、土体物理化学性质测定、土体力学强度性能测定、土体耐候性能测定、土体矿物及微观结构分析等，细化后的各项指标总结于（表4-19）。

表 4-19　加固保护效果评价指标体系

加固过程指标	加固膨胀性
	固结收缩性
	加固深度
土的外观指标	形貌
	色差
土的基本物理化学性能指标	土颗粒密度
	天然密度
	硬度
	含水量
	孔隙率
	酸碱度
	水汽透过率
	易溶盐含量
	有机质含量
土的力学强度性能指标	抗剪强度
	抗压强度
耐候性指标	耐水性
	耐盐性
	耐干湿性
	耐温差性
	耐风蚀性
	耐冻融性
	耐光照老化性
土的矿物及微观结构分析	土的矿物分析
	土的微观结构分析

五、案例：山东定陶 M2 汉墓外围夯土遗址保护

1. 研究背景

　　山东定陶王墓地（王陵）M2 汉墓是国内已经发掘的此类墓葬中规模最大、规格最高、结构独特、保存最完整、最具代表意义的一座大型黄肠题凑墓，具有重要的科学研究、保护和展示价值。该墓葬为研究汉代"黄肠题凑"的形制、结构提供了实物资料，同时对研究汉代葬制、埋葬习俗具有重要的科学价值和历史价值。M2 汉墓发掘后，墓道壁面夯土出现了不同程度风化破坏，亟需对其采取科学的加固保护（图 4-62）。

图 4-62　M2 汉墓墓道壁整体保存状态

2. 病害调查

1）主要病害类型

M2 汉墓墓道壁夯土主要病害包括大面积泛盐、粉化剥落、掏蚀、微生物病害，壁面较多部位出现了尺寸不等的裂隙，部分位置土体缺损等，保存状态较差（图 4-63）。

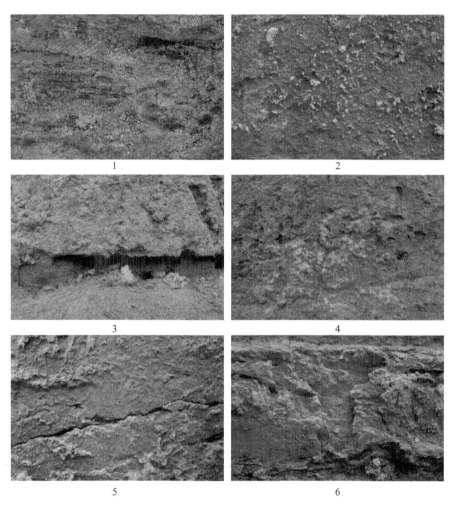

图 4-63　M2 汉墓墓道壁夯土主要病害
1. 粉化剥落　2. 表面泛盐　3. 掏蚀　4. 苔藓与霉菌　5. 裂隙　6. 局部缺损

2）病害成因分析

a. 土体自身结构影响

土是地壳表层岩石经过长期风化、搬运、磨蚀和沉积而形成的松软堆积物。土的主要成分是硅酸盐，其中硅以硅氧四面体结构存在，四面体中氧原子或者以离子键方式与铝、铁、钠等金属离子结合，或者以共价键方式与其他硅氧四面体结合，土粒表面过剩的价键力促使土粒相互吸引，聚结为块，但这种作用很弱，易受到破坏。此外，土体是由多种矿物组成的复杂体系，在吸水受潮或受热时，各种微粒膨胀程度不同，而且还存在各向异性，产生内应力，长久会造成土体结构的破坏。

b. 外界因素作用

由 M2 汉墓墓道壁的赋存环境及发掘后的保存状况，可知墓道壁表面的泛盐酥粉现象、边缘和底部土体发生坍塌现象的原因，主要与水的作用和力的作用有关。

土遗址表层水分的蒸发作用，使得其内部水分会向表层移动，地下水在土壤毛细管内的迁移运动会产生毛细压力，对管壁产生破坏，可溶盐也随毛细水向土体表面迁移及富集，造成土体表面泛盐病害；若土体处于干湿循环条件下，还会发生盐分结晶膨胀－溶解收缩的反复循环过程，低温情况下水会在土壤毛细孔中结晶，体积膨胀，在孔隙压力、体积膨胀及水分子的软化作用等共同作用下，夯土体孔隙扩张，颗粒间连接变弱、骨架软化、刚度降低，结构遭受严重破坏，进而出现酥粉、粉化剥落等病害。

由于地下水对土遗址的浸泡作用，使得土遗址含水率增加，土遗址表面容易滋生细菌及低等植物等生物病害。微生物及植物大量繁殖会使土遗址表面颜色发生大的改变，土体表面酥松，进一步造成酥粉脱落。除地下水等自然因素的影响外，生物病害的发生也受到人为因素影响。为维持黄肠题凑木材外观和强度的长期稳定而设置的自动喷淋系统，对墓室和墓室顶进行了长期喷淋加固剂和防腐剂，一方面造成了汉墓地下水位的升高。此外，钢结构罩棚上吊装有可移动式喷淋管架和喷嘴，以向墓室外顶部进行喷液。这些喷水措施进一步提高了 M2 汉墓湿度，特别是在室内外温差较大的季节，湿度经常会达到露点，导致大量冷凝水产生，而潮湿环境更适合于生物滋生。

由于遗址开挖后土体水分蒸发作用，造成土体收缩而产生裂隙。此外，遗址开挖后土体受力情况发生改变，土体受到不均匀的外力作用也是土体产生裂隙的原因。

3. 土体工程地质特性研究

1）土体基本土工性质及成分

M2 汉墓夯土区土体的密度、比重、界限含水率见下表。其中，土体塑性指数（Ip）＝液限（W_L）－塑限（W_p），由塑性指数看出，M2 汉墓夯土区土体为粉土（Ip＜10），其粘粒含量及砂含量介于砂土与黏土之间（表 4-20）。

表 4-20　M2 汉墓夯土区土体基本土工性质数据

样品	密度（g/cm³）	比重	液限（%）	塑限（%）	塑性指数
M2 汉墓夯土	2.65	2.7	24.7	16.4	8.3

M2 汉墓墓道壁不同取样位置土体的 XRD 谱图大致相同，土体主要成分为石英、钠长石、绿泥石、云母及碳酸钙（图 4-64）。

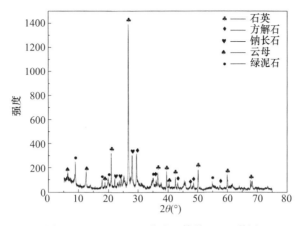

图 4-64　M2 汉墓墓道壁土体的 XRD 谱图

2）力学性能

M2 汉墓几处夯土区土体的抗折强度与剪切强度数据（见表 4-21），抗折强度整体上较小，分布在 0.035～0.085MPa，不同土样间力学强度均有一定的离散性。

表 4-21　M2 汉墓夯土区土体力学强度

试样编号	抗折强度（MPa）	内摩擦角（°）	粘聚力（kPa）
1	0.059	30	63
2	0.065	30.3	48
3	0.024	34	58
4	0.085	33	33
5	0.035	33.3	48

3）可溶盐成分

由可溶盐的 XRD 谱图可知，可溶盐的主要成分为氯化钠和石膏（图 4-65）。

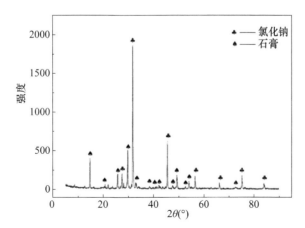

图 4-65　M2 汉墓土体可溶性盐 XRD 谱图

4. 土遗址保护现场试验

1）试验材料及加固效果评估

根据 M2 汉墓夯土加固保护材料实验室筛选前期研究结果，选用高模数硅酸钾（PS）及改性正硅酸乙酯（TEOS）进行现场防风化渗透加固，选用不同配比与工艺的 G-PS、熟石灰（G-CH）及改性天然水硬性石灰（G-NHL）作为土遗址裂隙灌浆加固材料，选用不同配比与工艺的 R-PS、熟石灰（R-CH）及改性天然水硬性石灰（R-NHL）作为土遗址局部缺损修补加固材料。测试土体加固前后的色度值与表面硬度值评估各加固材料的加固效果。

2）土体防风化渗透加固

在选择试验区时，应综合考虑整个遗址的病害类型、试验项目和遗址面貌等因素。试验须选在既具代表性又不会因加固可能的负面作用而造成较大影响的区域进行，以下各试验均遵循这一原则。

为了评估各加固材料对不同湿度土体的加固效果，分别选取面积约 0.3 米 ×0.3 米的 M2 汉墓墓道壁面潮湿及相对干燥的立面夯土进行渗透加固试验，分别作为 PS 及改性 TEOS 渗透加固的区域。在进行加固前扫除区域内的石块、树根、草皮等杂物，把试验区表层因雨水冲刷而沉积的土去掉，露出结实的夯土层。采用喷壶喷洒加固材料加固土体，采取自上向下持续喷涂方式，使被加固立面至少有 5 秒钟保持"看上去是湿的"的状态（图 4-66）。

图 4-66　M2 汉墓立面夯土渗透加固

在采用 PS 溶液、改性 TEOS 乙醇溶液对不同湿度土体（潮湿土体含水率约为 20.5%，干燥土体含水率约为 13.9%）加固时发现，加固潮湿土体时加固材料难以渗入土体内部而大多沿夯土壁面下流，加固深度较浅且造成加固材料损失；加固较干燥土体时，加固材料较容易渗入土体内部而加固深度较大。通过对土体加固 3 个月后的保存状态跟踪观察发现，对照组土体局部出现了脱落，经 PS 溶液加固后的土体表面出现泛白现象，经 TEOS 加固后的土体表面出现较多的白色丝状物，这些现象影响了土遗址的整体外观，但可以通过物理方法去除。对加固前后土体的色度、表面硬度等进行检测，测试与分析结果见表 4-22、表 4-23。土体经 PS 加固后颜色变化较大而表面硬度变化不大，经 TEOS 加固后颜色变化较小而表面硬度提高较大（图 4-67）。

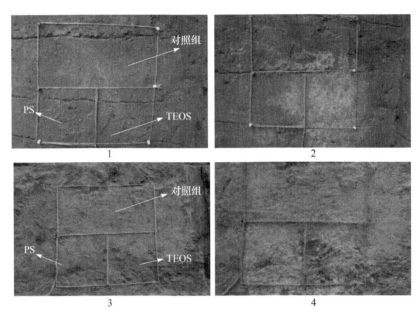

图 4-67　M2 汉墓土体渗透加固实验（左为加固前，右为加固 3 个月后）
1、2. 潮湿处土体　3、4. 干燥处土体

表 4-22　潮湿土体加固前后色度、表面硬度数据

加固材料	色度						色差	硬度（HA）	
	加固前			加固后				加固前	加固后
	L	a	b	L	a	b			
对照组	41.9	6.6	14.1	—	—	—	—	48	49
PS	42.7	5.8	13.5	44.6	4.6	11.7	2.88	60	64
TEOS 乙醇溶液	43	6.9	15.1	45.1	5.7	13.4	3.03	54	66

表 4-23　干燥土体加固前后色度、表面硬度数据

加固材料	色度						色差	硬度（HA）	
	加固前			加固后				加固前	加固后
	L	a	b	L	a	b			
对照组	53.5	7.2	15.9	—	—	—	—	70	70
PS	54	6.8	16.1	63.5	3.4	8.7	12.7	75	78
TEOS 乙醇溶液	57	6.5	14.7	55.9	5.1	11.6	3.57	76	80

３）裂隙灌浆加固

选取 M2 汉墓墓道壁立面夯土区几处典型裂隙病害进行灌浆加固，灌浆前对裂隙

拍照，测量裂隙长度、宽度及深度方向上的尺寸并记录。采用水泥净浆搅拌机配制各灌浆材料。采用弹簧注射器与输浆管向裂隙内打入灌浆材料。

灌浆具体实施步骤：

a. 配制三种灌浆材料。

b. 封闭裂隙，土遗址的裂隙一般三面临空，所以注浆前首先需要对裂缝进行封闭处理防止注浆时浆液外流并同时布设注浆管，埋设注浆管时应尽可能将注浆管插至裂隙的最深部，封闭裂隙分别采用各灌浆料组分以不同于灌浆料配比配制成的呈膏状的配合料（图4-68）。

图4-68　M2汉墓裂隙形态及封闭裂隙、布设注浆管

c. 待裂隙封闭部分具有一定强度后开始注浆，采用注射器或者注浆泵将配制好的灌浆料浆液按自下而上的次序通过注浆管注入裂隙内，注浆时，当相邻的上方注浆管中出现浆液溢出时停止注浆，拔出注浆管。采用配制的膏状配合料堵塞注浆孔，再向上方的注浆管中注浆。

图4-69　弹簧注射器注浆

裂隙尺寸及灌浆所用灌浆料用量数据见下表，三个裂隙尺寸相差不大，但灌浆料用量却有一定差别，G-NHL灌浆料用量接近G-PS、G-CH灌浆料用量的两倍，与G-PS灌浆料、G-CH灌浆料出现堵塞注浆管的现象有关，这也表明G-NHL灌浆料比G-PS灌浆料及G-CH灌浆料的灌浆填充效果更好，裂隙被填充得更为密实（图4-69；表4-24）。

表4-24　裂隙尺寸及灌浆料用量

灌浆料	裂隙尺寸（mm）			灌浆料用量（ml）
	长	宽	深	
G-PS	260	3	>100	62
G-CH	250	3	>100	73
G-NHL	280	3	>100	150

d. 最后对裂隙灌浆的位置作旧处理（图 4-70）。

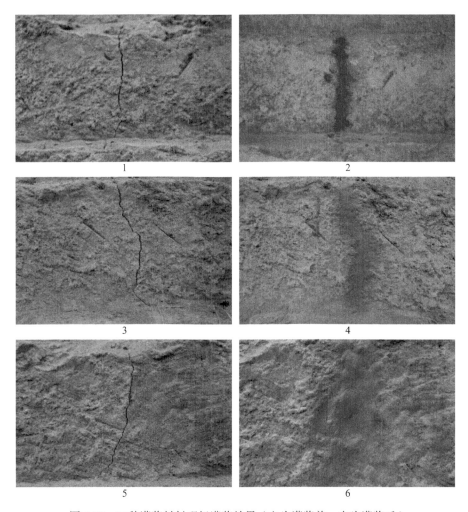

图 4-70　三种灌浆材料现场灌浆效果（左为灌浆前，右为灌浆后）
1、2. G-PS　3、4. G-CH　5、6. G-NHL

　　对灌浆加固 3 个月后裂缝的保存状态跟踪记录，三处裂隙灌浆部位均又出现了开裂现象，这主要是由于灌浆加固材料失水收缩引起的，但新形成的裂缝尺寸小于最初的裂缝。在灌浆部位均出现了苔藓生物病害，是由于该部位湿度增大引起。此外，G-PS 及 G-CH 灌浆加固部位开裂程度较大，裂缝尺寸较宽，G-NHL 灌浆部位裂缝尺寸较小，表明 G-NHL 灌浆材料的耐干缩性优于 G-PS、G-CH 灌浆材料。对三处部位二次灌浆加固（图 4-71）。

　　采用 G-PS 灌浆加固产生的颜色变化最大，采用 G-NHL 灌浆加固产生的颜色变化最小。与未加固部位土体硬度值相比，G-PS 灌浆加固部位硬度值未变，G-CH 及 G-NHL 灌浆加固部位的硬度值升高（表 4-25）。

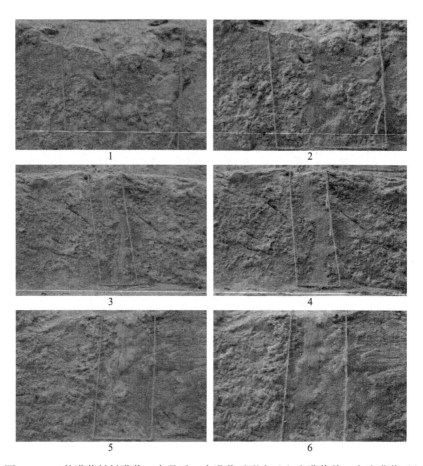

图 4-71　三种灌浆材料灌浆 3 个月后二次灌浆后形态（左为灌浆前，右为灌浆后）
1、2. G-PS　3、4. G-CH　5、6. G-NHL

表 4-25　三处灌浆加固部位及对照组色度、硬度数据

灌浆材料	色度				硬度（HA）
	L	a	b	色差	
对照组	53.7	4.6	11.9	—	70
G-PS	47.2	2.7	16.2	8.02	70
G-CH	51.6	3.9	9.1	3.57	90
G-NHL	55.6	4.2	10.4	2.87	84

综合上述现场小试结果，推荐 G-NHL 灌浆料作为 M2 汉墓墓道壁裂隙灌浆加固材料。

4）缺损修补加固

选取 M2 汉墓墓道壁立面夯土区几处典型缺损病害进行修补加固，修补加固前用软毛刷清除缺损处土体表面的浮土、灰尘等杂物，对缺损病害处进行拍照、测量尺寸并记录。采用水泥净浆搅拌机配制各修补材料，然后使用抹刀将修补材料填充于土体缺损处（图 4-72）。

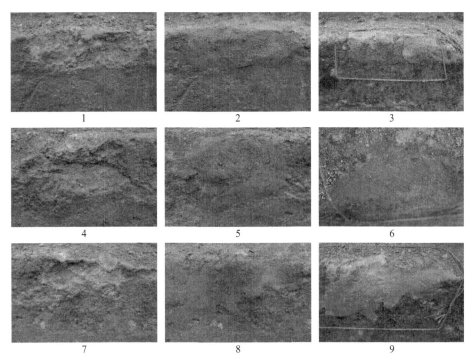

图 4-72　修补过程及 3 个月后保存状态（左为修补前，中为修补后，右为 3 个月后）

1～3. R-PS　　4～6. R-CH　　7～9. R-NHL

修复经过 3 个月后，R-PS 修补加固处同样出现了苔藓，而 R-CH 及 R-NHL 修补加固处未出现此现象，表明这两种修补材料有利于防止土体表面苔藓等生物病害的发生。此外，R-PS 修补加固处出现了明显的开裂现象，R-CH 修补加固材料与土体界面粘接处出现微小开裂现象，而 R-NHL 修补加固处整体保存完好。R-PS 修补处由于出现了苔藓使得土体颜色变化最大，R-NHL 修补加固处产生的颜色变化最小，与土体颜色最为协调。与未修补加固部位土体硬度值相比，R-PS 修补加固部位硬度值未变，R-CH 及 R-NHL 修补加固部位的硬度值升高（表 4-26）。

表 4-26　三处修补加固部位及对照组色度、硬度数据

修补材料	色度				硬度（HA）
	L	a	b	色差	
对照组	43.4	5.7	12.5	—	50
R-PS	35.9	−1.2	22.3	14.14	50
R-CH	39.8	6.8	12.6	3.77	70
R-NHL	45.3	5.1	11	2.49	90

综合上述现场试验结果，推荐采用 R-NHL 材料作为土体缺损处修补材料。

本案例开展了山东定陶王墓地王陵 M2 汉墓夯土的病害调查、病害成因分析、土体工程地质特性研究、土遗址加固保护工艺实验室和现场实验，加固保护过程符合文

物保护原则，经一定时间观察后，加固保护效果良好。

六、结语

对于不同土遗址的加固保护，要充分考虑病害类型、土体工程地质特性对加固保护材料需求的影响，从而有针对性地开发土遗址加固保护工艺。在将加固保护材料施用于土遗址本体前，需要进行充分的实验室模拟加固实验并得到长期的效果评估，同时要注意实验室模拟实验条件与土遗址现场保存条件的对应，以使土遗址得到更加符合实际的有效保护。

第六节　纸质文物保护

纸是植物纤维经物理化学作用提纯分散，其浆液在多孔模具帘上滤水并形成湿纤维层，干燥后交结成的薄片状材料[①]，因造纸原料的差异，可分为麻纸、皮纸与竹纸等。纸张经过书写、绘画、印刷、捶拓等形成具有历史、艺术、科学价值的书籍、报刊、档案、图纸、地图、碑帖、拓片、纸币、文书与邮票等古代纸质文物[②]。19 世纪后期，机械生产纸张逐步替代手工纸的地位，形成了以机械纸为载体的近代书画、公文图纸、账册、报纸与证书等近现代纸质文物[③]。由于植物纤维、写印色料与化学助剂易受保存环境影响，而发生纸张酸化、色泽变化、机械强度降低等病害造成纸质文物损坏。因此，探讨纸质文物制作工艺、损坏因素与保存环境的关系，以及其保护修复方法，是纸质文物长期保存的关键，对研究古代社会、经济、文化、科学、艺术具有重要意义。

一、古纸材质与制作工艺

1. 古纸组成材料

1）植物纤维

植物纤维为天然高分子化合物，由纤维素、半纤维素和木质素等组成。纤维素是葡萄糖基通过 β-1，4- 糖苷键连接而成的高分子聚合物。相邻平行的纤维以氢键连接，形成纤维素网络结构。半纤维素，由三种以上的聚糖组成，有助于提高纸张的机械强度。木质素是三种苯丙烷单元通过醚键和碳－碳键相互连接形成具有三维网状结构的生物高分子。手工造纸过程中常会降低木质素含量，其易氧化。

根据古代造纸技术的发展，造纸纤维的基源植物可分为，麻类（大麻、苎麻、亚麻或黄麻）；树皮类（构皮、桑皮、檀皮、三桠皮）；竹类；禾草类（稻草、麦草或蒲

---

① 潘吉星：《中国科学技术史·造纸与印刷卷》，科学出版社，2017 年，第 3 页。
② 张金萍、陈潇俐、杨毅等：《馆藏纸质文物病害分类与图示》WW/T0026-2010，2010 年。
③ 纸质文物保护修复概论编写组：《纸质文物保护修复概论》，文物出版社，2019 年。

草）；混合类，两种或两种以上纤维混合。一般认为，纤维长、长宽比大、杂细胞少、纤维素含量高、木质素含量低的植物纤维原料质量佳，因而认为棉花纤维是较佳的造纸原料，其次是麻类、皮类，再次是竹类。目前研究表明，造纸原料具有明显的历时性变化，从两汉到隋唐麻类纤维使用频率最高，魏晋南北朝开始，树皮类纤维使用频率逐渐增加，至宋金元时期处于造纸鼎盛阶段。竹类纤维首次在宋金元时期的使用频率增长，发展到明清时，成为使用最多的造纸原料。而禾草类纤维始终不是造纸原料的首要或主要选择[①]。

2）造纸助剂

植物纤维制浆过程中，会添加一些造纸助剂如纸药、胶料、填料等，以改善纸张强度、白度、光滑度以及防虫性能等。为避免纸浆纤维在水溶液凝絮成团，采用黄蜀葵、杨桃藤等植物的根、茎、叶经过捶捣、水浸、揉搓等步骤加工调制而成的黏液为纸药，使纤维分布大致均匀结合紧密形成厚薄均一的纤维网状结构。加入淀粉糨糊施胶，沉积于纤维间堵塞毛细孔，改善纸张强度和抗水性能[②]。将白土或白垩、石灰、瓷土、滑石粉碾成细粉，过筛，与水配制为乳状悬浮液，再加入淀粉或胶在水中共煮，制成涂布液增加白度和平滑度[③]。机制纸一般以机械木浆、化学木浆、草浆和废纸浆为要原料，添加化学助剂[④]。

3）写印色料

写印色料包括在纸张上书写、印刷、绘画以及染纸、涂改所用的材料，主要包括颜料、染料、墨与胶料等。矿物颜料主要为朱砂、赭石、铅丹、群青、雌黄等。天然植物染料，从植物的根茎叶或颗粒中提取的染料，如茜草、红花、栀子、藤黄、靛青、紫草等。从动物提取的染料，如胭脂虫红、紫胶。制墨主要原料为烟料和胶料，常用的烟料分为松烟、油烟和漆烟（生漆和桐油按一定比例混合后点烟）；而胶料则主要有骨胶、明胶、皮胶、树胶等[⑤]。胶矾水，由动物胶（牛皮胶能、骨胶或鱼胶）或植物胶（桃胶、阿拉伯胶等）和矾矿石烧成的明矾配制而成，增强纸质文物的抗水性能，但会加速纸张酸化。

2. 古纸制作工艺

传统造纸技术，分为两个不同的技术体系：抄纸法与浇纸法。抄纸法的工艺流程：采料—剥料—浸泡—浆灰—蒸料—清洗—打浆—加纸药—抄纸—压纸—晾纸—分纸等；浇纸法的工艺流程：采料—剥料—清洗—煮料—捶打—捣浆—浇纸—晾纸—揭纸。抄纸法制作的纸张具有纸薄、表面光滑、有帘纹等明显特征。然则，浇纸法造出

---

① 李涛：《古代造纸原料的历时性变化及其潜在意义》，《中国造纸》2018 年第 1 期。
② 王菊华：《中国古代造纸工程技术史》，山西教育出版社，2005 年，第 144 页。
③ 潘吉星：《中国科学技术史·造纸与印刷卷》，科学出版社，2017 年，第 131 页。
④ 陈刚、张田：《近代书籍纸张中"狐斑"的发生特点研究》，《文物保护与考古科学》2012 年第 4 期。
⑤ 吴来明、徐方圆、解玉林等：《古墨保存自然老化问题的调查研究》，《文物保护与考古科学》2006 年第 4 期。

纸张较厚、粗糙、纤维分布不均、无帘纹等特点[1][2]。

在基本造纸工艺上，对生纸施胶、涂布、染色、加蜡、砑光、洒金、泥金等二次加工手段形成的传统加工纸，改变了纸张性能、色泽、质感与艺术效果，如硬黄纸、薛涛笺、蜡笺纸、金粟纸、瓷青纸、羊脑笺等[3]。

我国自1884年上海机器造纸局投入使用，各地新式机制纸工厂逐步兴建，机制纸替代传统手工纸成为印刷纸的主流[4]。机制纸多采用机械磨木制浆或酸性化学制浆的方式，用化学药品代替天然原料处理浆液。依据蒸煮工艺的不同，化学浆又分为烧碱法、酸性亚硫酸盐法和硫酸盐法，其中烧碱法和硫酸盐法为碱性工艺，酸性亚硫酸盐法为酸性工艺。

二、古纸老化分析方法

纸张老化是指在使用和保存过程中，由于受时间因素和外界环境因素的综合作用，纸张组分中纤维素、半纤维素、木质素和造纸助剂易在外界光、热、氧、湿度、空气污染及生物因素下，发生化学和结构变化。

1. 古纸老化表征因素

纸张机械强度：是古纸老化最直观表现因素。老化严重的纸张样品纤维多数断裂，且可能絮化。采用显微观察法、造纸纤维仪直观显示表面形貌与纤维形态，抗张强度[5]与耐折度[6]评估机械性能。

纸张降解程度：反映内部纤维状态优劣。纤维素老化降解时大分子化合物降解成短链小分子物质，结晶部分占纤维整体结构的百分比下降，纤维素末端羰基或羧基的氧化基团产生。采用红外光谱仪与X射线衍射仪分析并计算纤维素聚合度、纤维素结晶度与纤维素氧化度。

纸张酸碱度：纸张老化的过程通常伴随着酸化进程，酸碱度的高低直接影响纸张的保存寿命，因此其亦是表征古籍纸张老化状态非常重要的参数。常规方法为将纸张表面稍微润湿后使用酸碱度仪检测[7]。

纸张含水率：纸张最佳含水率为7%，当纸张含水较多时会加重大气中酸性气体形成腐蚀性无机酸损害纸张，同时利于微生物生长繁殖，促使纸张霉烂、虫蛀、变质。

① 李晓岑：《浇纸法与抄纸法——中国大陆保存的两种不同造纸技术体系》，《自然辩证法通讯》2011年第33卷第5期。
② 罗雁冰：《中国古代手工纸与现代科学》，科学出版社，2019年，第24页。
③ 王菊华：《中国古代造纸工程技术史》，山西教育出版社，2005年，第491页。
④ 刘仁庆、黄秀珠：《纸张指南》，科学普及出版社，1997年，第10页。
⑤ 殷报春、黎的非、温建宇：《纸和纸板抗张强度的测定 恒速拉伸法（20mm/min）》GB/T12914-2018，2018年。
⑥ 王振：《纸和纸板耐折度的测定》GB/T457-2008，2008年。
⑦ 李红、阮健：《纸、纸板和纸浆水抽提液酸度或碱度的测定》GB/T1545-2008，2008年。

采用便携式含水率测定仪无损分析。

纸张白度[①]：影响纸张白度的因素通常为木质素和氧化纤维素。木质素在空气中易被氧化为显色物质，导致纸张颜色泛黄；半纤维素氧化的糖醛酸也会造成发色。使用色度仪计算亨特白度值直观反映纸张泛黄程度，亦可采取红外光谱法计算木质素相对含量和氧化度数值。

纸张添加物老化，包括颜料、墨水、施胶剂等添加剂均可能影响纸质文物保存。含铜颜料的铜离子会加速纤维素退化降解，经过一系列反应过程导致纸张破坏[②③]。

2. 古纸分析检测技术

现代科学分析检测技术在纸质文物中应用广泛。宏观分析技术，如透光摄影法、红外线摄影法、紫外线摄影法、软 X 射线摄影法、中子活化放射自显影法、光学相干层析成像法、太赫兹层析成像法、高光谱成像等技术逐渐用于反映书画底层修改和破损信息[④]。显微分析技术，如光学显微镜、激光扫描共聚焦显微镜（CLSM）、扫描电子显微镜、透射电子显微镜与原子力显微镜提供制纸原料、制作工艺与保存状况等信息。

波谱分析技术，如 X 射线衍射仪、傅里叶变换红外光谱仪、拉曼光谱仪、X 射线荧光光谱仪、激光诱导荧光光谱仪（LIFS）、激光诱导击穿光谱仪（LIBS）、色谱联用质谱仪、电子顺磁共振波谱仪、光电子能谱仪（XPS）等提供纸质原料、纸张添加物成分、纸张老化状况、有机胶结材料、墨水污迹检测等信息。

三、纸质文物病害

纸质文物易因物理、化学、生物及人为等因素造成损害，病害种类有水渍、污渍、褶皱、折痕、变形、断裂、残缺、烟熏、炭化、变色、粘连、微生物损害、动物损害、糟朽、絮化、锈蚀、断线、书脊开裂。机制纸总体保存情况较手工纸差，民国机制纸文献酸化尤为突出。写印色料病害指脱落、晕色、褪色、字迹扩散、字迹模糊和字迹残缺[⑤]。

病害分类与界定详见《馆藏纸质文物病害分类与图示 WW/T 0026-2010》。

四、纸质文物保护方案编制程序

纸质文物保护修复包括调查、分析历代纸质文物的形成、所用材料、制作工艺，简要揭示纸质文物劣化机理、病变原因以及防治对策，探讨保护修复工艺的过程及规

---

① 张清文、高君：《纸、纸板和纸浆返黄值的测定》GB/T26459-2011，2011 年。
② 赵嫣一、陈刚：《铜离子对纸张的腐蚀降解作用综述》，《文物保护与考古科学》2015 年第 1 期。
③ 雷金选、陈曦：《纸浆铜价的测定》GB/T5400-1998，1998 年。
④ 阎春生、黄晨、韩松涛等：《古代纸质文物科学检测技术综述》，《中国光学》2020 年第 5 期。
⑤ 张金萍、陈潇俐、杨毅等：《馆藏纸质文物病害分类与图示》WW/T0026-2010，2010 年。

律，科学合理揭示保护修复过程中出现的各种现象，达到延缓纸质文物损坏的目的。

按照纸质文物保护一般程序或技术路线，开展具体的纸质文物保护方案编制 [①] 。

（1）全面调查保护对象：搜集研究对象的文献资料与保护修复历史。

（2）纸质文物保存现状评估：拍摄可反映病害状况的保存现状照片，绘制病害图，标示病害的种类和分布，并应对纸质文物病害现状做整体评估。

（3）纸质文物价值评估：参照相关历史文献和考古资料，必要时邀请考古学家和艺术史研究人员，共同评估纸质文物的科学价值、历史价值和艺术价值。

（4）纸质文物科学分析：对重要纸质文物的制作工艺、书写绘画颜料和老化区域分析，为后续开展保护修复技术提供理论参考。此外，还应关注保存环境信息。

（5）纸质文物保护修复：明确衡量纸质文物保护前后的技术指标、合理制定保护修复技术路线，及各操作步骤中采用的材料、工艺和要求。

（6）纸质文物风险评估与预防性保护：说明在保护修复过程中可能出现的技术难题及应对措施。针对保护后的纸质文物，说明文物可能出现的问题，合理调控保存环境因素。

在保护工作中强调使用成熟的保护技术，保护人员或学生可以参阅《纸质文物保护修复概论》《中国古籍修复与装裱技术图解》《古籍保护与修复技术基础知识》等出版物。

五、案例：甘肃武威市博物馆藏藏文《大藏经》保护

项目名称：武威市博物馆藏藏文《大藏经》保护

文物名称：藏文《大藏经》

收藏机构：武威市博物馆

保护机构：北京停云馆文化投资有限公司

保护时间：2018 年

保护人员：刘亚昭、王治涛、陈鲜维、胡玉清等

1. 前言

武威市博物馆藏藏文《大藏经》，是藏传佛教经、律、论的总集，也收录了藏族大小五明的文化典籍，蕴含着较高的文化价值与科学价值。这批藏文古籍纪年清晰，专家多方面考证后判断其为 13 世纪初到 15 世纪末的文献，是研究藏传佛教、汉藏文化交流和元明中央政权在蒙藏地区施政的重要史料。经文系手抄本，文字典雅，用笔流畅，并绘制有精美佛像，具有很高的艺术价值。

1975 年，武威市发生特大水灾，洪水导致藏文《大藏经》遭受浸泡，再经长期较

---

① 奚三彩、郑冬青、范陶峰等：《馆藏纸质文物保护修复方案编写规范》WW/T 0025-2010，2010 年。

恶劣环境之保存，经页遭到虫蛀与霉变等病害侵蚀，部分经册粘连严重形成书砖，限制了经书内容的利用与研究，亟需对其开展保护修复（图4-73）。

图 4-73　武威市博物馆藏藏文《大藏经》保存现状

2. 分析结果与病害评估

纸张组分分析

a. 植物纤维原料鉴定

古纸纤维 a 横向竹节纹，胶质膜褶皱状堆积，纤维端部切断，纤维宽度为 14.99μm，推测为构皮纤维。纤维 b 横向竹节纹和纵向条纹，纤维端部钝圆，纤维宽度 18.32～21.85μm，推测为大麻纤维[①]（图4-74）。

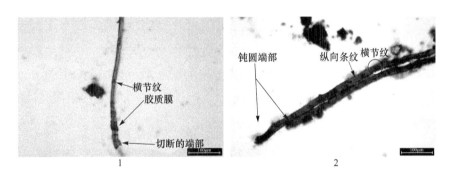

图 4-74　武威市博物馆藏藏文《大藏经》植物纤维鉴定
1. 构皮纤维　2. 大麻纤维

b. 填涂料分析

经显微观察，古纸表面平整，孔隙度低，纤维间填充颗粒物，纤维表面附着黄色物质。对不同形状尺寸的颗粒元素分析知，一类块状颗粒物富含 Si（51.3 wt%）、Al（34.0 wt%）与 K（14.7 wt%）；一类形状不规则颗粒物富含 Si（29.9 wt%）、Ca（26.8 wt%）、Fe（18.4 wt%）与 Al（13.7 wt%）元素等；此外，一类近似球形颗粒物富含 Ca元素（100.0 wt%）（图4-75；图版三，1；表4-27）。

① 易晓辉：《中国古纸与传统手工纸植物纤维显微图谱》，广西师范大学出版社，2022年。

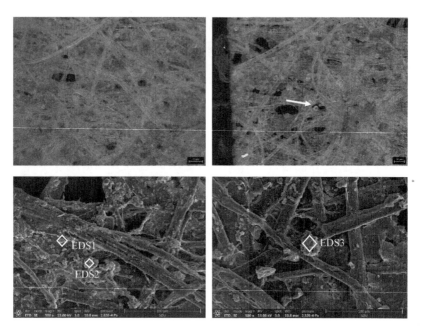

图 4-75　武威市博物馆藏藏文《大藏经》纤维填料显微形貌图

表 4-27　武威市博物馆藏藏文《大藏经》纤维填料元素组成　（单位：wt%）

区域	K	Mg	Al	Si	Ca	Fe
EDS1	14.7	—	34.0	51.3	—	—
EDS2	7.6	3.6	13.7	29.9	26.8	18.4
EDS3	—	—	—	—	100.0	—

经 SEM-EDS 分析，古纸表面经文书写区域主要为 Ag 元素（90.8～91.6 wt%），少量的 Cu（2.5～4.3 wt%）。该区域少量的 Cl（0.4～1.6 wt%）可能为银泥腐蚀的产物氯化银（AgCl）（图 4-76；表 4-28）。

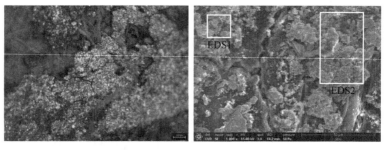

图 4-76　武威市博物馆藏藏文《大藏经》纸张字迹显微形貌图

表 4-28　武威市博物馆藏藏文《大藏经》纸张字迹元素组成　（单位：wt%）

区域	Al	Si	Cl	Ca	Cu	Ag	Au
EDS1	1.1	1.8	0.4	0.8	4.3	91.6	0.0
EDS2	1.7	2.0	1.6	1.2	2.5	90.8	0.1

经拉曼光谱分析，古纸边栏红色颜料为赤铁矿、朱砂；古纸蓝色染料为靛青，黑色涂覆层为碳黑层（图 4-77、图 4-78）。

经红外光谱分析，ZP02 纸张胶料中可能存在淀粉（表 4-29；图 4-79）。

图 4-77　武威市博物馆藏藏文《大藏经》边栏区域为红色颜料

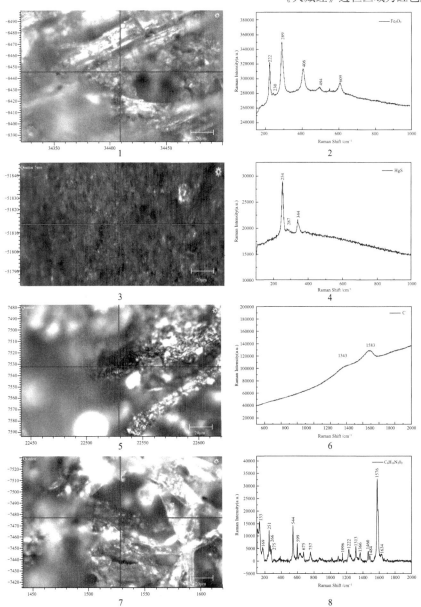

图 4-78　武威市博物馆藏藏文《大藏经》颜料、涂料与染料拉曼光谱分析

1、2. 红色颜料赤铁矿　　3、4. 红色颜料朱砂　　5、6. 黑色涂覆料碳黑　　7、8. 蓝色染料靛青

表 4-29　武威市博物馆藏藏文《大藏经》古纸样品胶料与淀粉红外光谱特征峰

样品类型	红外吸收特征峰（cm⁻¹）
淀粉	3382、3297、3515、3197、3428、2930、1650、1459、1420、1380、1155、1020、930、856、763、477
ZP02	3323、2927、2424、1949、1650、1536、1451、1408、1239、1152、1079、1026、931、853、759

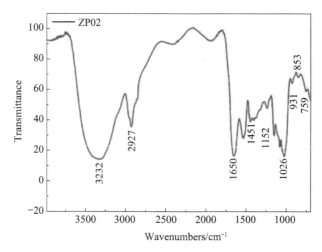

图 4-79　武威市博物馆藏藏文《大藏经》胶类物质红外光谱分析结果

3. 古纸老化状况

1）酸化

根据国家图书馆的标准，纸张酸化程度分为"未酸化（pH≥6.8）""轻度酸化（pH6.3～6.7）""中度酸化（pH5.0～6.2）""严重酸化（pH＜5）"四个等级[①]。部分古纸pH 值介于"5.0～6.2"，发生中度酸化。老化絮化古纸和粘连古纸严重酸化，且粘连古纸酸化情况严重（图 4-80）。

2）纤维素结晶度

纤维素结晶度是描述纤维聚集态结构的重要参数。古纸纤维素结晶度大多相对较低，范围介于 0.97～4.34，且较高比例样品的纤维素结晶度位于 1.65～2.81。说明藏文《大藏经》古纸无定形区可能遭受破坏（图 4-81）。

3）古纸微生物病害

古纸优势真菌皆为子囊菌门（Ascomycota）。其中发生粘连的古纸优势真菌群落为子囊菌门散囊菌纲和粪壳菌纲。优势菌属为枝鼻孢菌、枝顶孢属和毛葡孢属。此外，还存在较高丰度的未识别菌属。粘连古纸优势细菌群落为放线菌门、拟菌门与变形菌

① 陈刚、张田：《近代书籍纸张中"狐斑"的发生特点研究》，《文物保护与考古科学》2012 年第 4 期。

门。优势菌属为纤维单胞属、假单胞菌、鞘氨醇杆菌、金黄杆菌、不动杆菌、土壤芽孢杆菌和大洋芽孢杆菌。

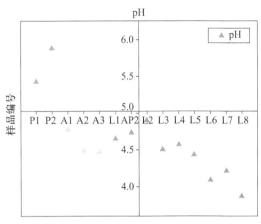

图 4-80　武威市博物馆藏藏文《大藏经》
古纸样品 pH 值中轴散点图

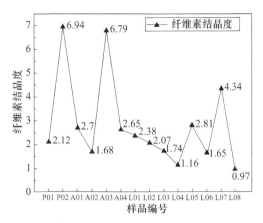

图 4-81　武威市博物馆藏藏文《大藏经》
古纸样品纤维素结晶度变化点线图

4. 藏文《大藏经》科学保护过程

1）杀虫灭菌

采用低温冷冻杀虫，根据《GB/T 35661-2017 图书冷冻杀虫技术规程》，将藏文《大藏经》放入 Haier DW-60W321EU1 型低温冷冻柜在 -30℃温度下冷冻 5 天时间。

采用氮气熏蒸杀虫灭菌，将藏文《大藏经》装入一侧密封的高阻隔性保护袋内，放入专用除氧剂和氧指示剂后半密封另一侧，抽真空除去氧气，再充入纯净氮气后密封，密封时间 24 天以上。期间随时观测指示剂的颜色变化，监控袋内氧气含量（图 4-82）。

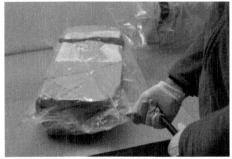

图 4-82　杀虫灭菌（左为低温冷冻杀虫，右为充氮气灭菌）

2）揭展经页

主要运用传统古籍修复技法的干揭、湿揭两种方法。少量粘连程度严重，湿揭无法揭开的经页使用了蛋白酶 K 溶液助揭。

　　干揭法：粘连程度较轻的经页采用干揭。用针锥、牛角刀、竹启子、牙科不锈钢调刀等工具插入经页粘连的缝隙处，轻轻深入，使经页缝隙逐渐扩大，直至完全揭开。

　　湿揭法：粘连程度较重的经页使用此方法。将粘连程度较重的经页用吸水纸包裹，放入常温纯净水中浸泡 6～12 小时，通过浸泡使粘结物失去粘性的同时纸张也恢复了较好的柔韧性，取出后用毛笔蘸水配合镊子、针锥等工具逐叶揭开，难揭的部位可用水蒸气热蒸，使粘连部位软化，然后揭取。经页破碎的，正面粘贴三桠皮纸固定后揭取。少量粘连程度严重，湿揭无法揭开的经页选用蛋白酶 K 溶液助揭（图 4-83）。

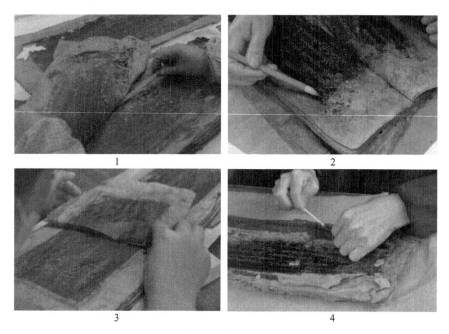

图 4-83　揭展经页
1. 竹启子干揭　2. 毛笔蘸湿　3. 针锥湿揭　4. 蛋白酶 K 溶液涂抹粘连处

　　3）清除表层污垢与霉斑

　　采用湿洗的方法清除污渍。将经页放置于清水槽中，先用水淋洗，淋洗无法去除的用毛笔蘸水清洗。局部褪色的（如佛像）覆盖薄膜后再清洗其他部位。

　　使用 75% 浓度酒精清理霉斑。修复时先用软毛刷轻轻扫除表面浮霉，使用 75% 浓度酒精棉球清理霉斑，再用水将经页清洗干净，霉菌菌丝侵蚀到经页纸张纤维内部的，擦除后将酒精均匀喷在经页表面装入密封袋内，密封 24 小时对霉菌灭活（图 4-84）。

　　4）清除褶皱与变形

　　消除皱褶时将揭开的经页喷水潮润，轻轻拉拽展平，上下垫撤潮纸，用石块压平经页。部分空鼓的经页，将稀糨糊从裂口部位伸入涂匀，垫纸压平。

　　5）修补动物损害与残缺

　　参照前期纸张检测分析结果，选用了纸张纤维结构相近的皮纸作为修补用纸。采

图 4-84 清除污垢

用传统瓷青纸制作工艺（委托安徽泾县悟草阁染纸），将蓝草提炼成靛蓝后发酵染制成多种色阶的瓷青纸，染制的瓷青纸 pH 值为弱碱性，颜色与藏经纸颜色相近且耐久牢固不易褪色。

修补采用纸浆补书机修补、手工修补和机补加手补三种方法。

纸浆补书机修补法，先将适量的补纸制成纸浆；把经页放入纸浆补书机内的拦浆纱网上潮润展平，经页四周用深颜色塑料布条遮挡，放下压纸架，向补书槽内注水到设定水位；将纸浆倒入水中搅拌均匀，在按下补书键的同时抬起压纸架，待水泻净后纸浆滞留在经页残缺处形成补纸，然后在经页上覆盖一块与纱网大小相同的毛毡，将毛毡、经页、纱网一同取出，纱网在下放在另一块毛毡上，上下用两块压书板夹住，放进压平机，挤吸水分、压平压实后，放到晾纸架上令其自然干燥。

经页断裂处，为了避免遮挡经文，采用双面手工修补的方式。根据经页颜色选用颜色接近、韧性较强的构皮纸或瓷青纸撕成溜口条，在裂口处抹上浆糊，把准备好的溜口条按照裂口位置粘好，撕下多余部分，把溜口条压实。如果裂口较长，需加补两层。残缺、虫蛀处，将经页放置在修复台上展平，用毛笔将糨糊涂抹在破损边缘处，糨糊涂抹宽度控制在 3 毫米以内。使用与经页颜色相近，色调略浅于经页颜色，质地的与经页相同的纸张修补经页。修补后将多余的衬纸撕下，压实。蓝色经页为三层纸，上层靛蓝色纸张与本体发生脱落导致大面积露黄的，用瓷青纸修补后搓薄，使经页颜色协调。经页碳黑层或文字局部与本体脱落的显露靛蓝色的保持原状，不做修补（图 4-85）。

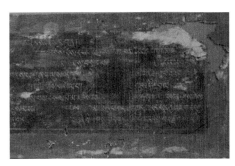

图 4-85 修补前后对比照片

6）压平与裁齐

修补后的经页不够平整，需要对其平整处理。用喷壶将经页喷潮后放置在吸水纸之间，上面放上压书板，再在压书板上放置石块或铅砣等重物，待经页压平干燥后取出。

修补后的经页，将经页四周多余的补纸裁切整齐（图 4-86）。

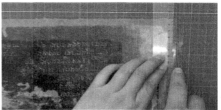

图 4-86　经页压平与裁齐

7）纸张保护

修复后的藏文《大藏经》需以夹装装帧形式保存，为防止经页叠放时碳黑涂料遇水遇热融化粘连，特将与经页等大的薄宣纸放在经页中间，这样处置的好处是今后经页一旦受潮或水浸，从宣纸中间揭开即可，从而使文物信息得到保护。

8）装帧

用比经页略大的木质夹板，上、下夹住修复后的经页，再用包袱包好，用丝带捆扎结实（图 4-87）。

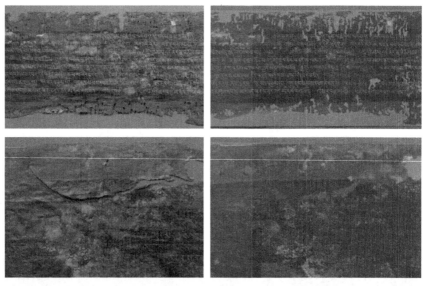

图 4-87　武威市博物馆藏藏文《大藏经》修复前后对比照片（左为修复前，右为修复后）

通过科学保护修复处理，后续观察保护效果良好。保护处理后的纸质文物，建议保存于温度 16～20℃（温度日较差≤2℃），相对湿度 50%～60%RH（相对湿度日较差≤5%RH）环境中，尽量减少空气中的有害气体和灰尘。展室、库房、展柜、包装等使用符合标准的建筑装潢材料，不混放释放酸性或氧化性物质的物品。库房窗户尽量使用防紫外线玻璃，光线不宜直射。文物陈列展出时，照明光源的紫外线含量应≤20μW/1m，画面照度应小于50Lux。同时，尽可能六个月更换一次展品，使文物的连续曝光量≤72000Lux·h。此外，文物库房内随时保持清洁、通风，新风入口须设置防鼠网。保存文物的展柜、囊盒，使用前建议用高温灭菌或用10%的苄氯菊酯溶液喷洒。

六、结语

纸质文物保护涵盖了纸张制作工艺分析、劣化机理研究及修复技术应用等多个关键领域。通过融合现代科技与传统修复方法，实现纸质文物保护修复科学化。本案例以武威市博物馆藏藏文《大藏经》粘连纸质文物为研究对象，开展了纸质文物材质分析、病害检测等研究工作，为实际修复工作提供了理论指导。针对糟朽粘连的藏文《大藏经》，研究逐步采取了杀虫灭菌、揭展清理、修补残缺、压平裁齐和装帧等综合措施，取得了显著的保护效果。这一研究兼顾了科学实验和传统修复技艺，有助于确立科学化的纸质文物保护修复体系，并为类似糟朽粘连文物的修复工作提供了技术支撑。

第七节　饱水木质文物保护

一、饱水木质文物组成成分

饱水木质文物属于有机质类文物中的一种，是长期埋藏于海水、河水、地下水或湿地等环境中的一类高度含水的文物，主要包括江河、海洋出水的大型沉船和生活用具、生产工具、货物等单体木器。本节所阐述的研究对象为饱水木质文物，其中不包括饱水漆器。通过海洋出水木质沉船的保护研究对相关的内容进行说明。

木材是一种复杂的天然高分子化合物，化学组成包括木质素、纤维素、半纤维素等主要成分与树脂等次要成分[1][2]。木质素是构成木质细胞壁主要成分之一，占据了细胞壁总量的50%～60%，由苯丙烷单体聚合而成，其化学结构中含有苯环和羟基等官能团。纤维素是构成木质细胞壁另一个主要组分，占据细胞壁总量的20%～30%，是葡萄糖单体通过β-1,4-糖苷键连接而成的线性高分子化合物。半纤维素是构成木质细胞壁第三主要组分，占据细胞壁总量的10%～20%，是一种复杂的多糖类化合物，由多

---

① 方桂珍：《20 种树种木材化学组成分析》，《中国造纸》2002 年第 6 期。
② 木材学编写组：《木材学》，中国林业出版社，1997 年，第 31 页。

种单糖组成。以上化学成分共同构成了木材复杂、多孔的结构。在保存环境中，木质文物一般会受到盐分及各种生物因素影响，导致木材中纤维素、半纤维素和木质素降解，木材结构随之破坏，环境中水分渗入木材内部使木材最终达到脆弱的饱水状态，因此木质文物是十分脆弱的考古实物材料。

发掘前，饱水木质文物与埋藏环境形成平衡体系；发掘时，饱水木质文物暴露在大气环境中，这种"环境突变"会导致木材水分迅速挥发，脆弱的饱水木质文物很容易发生快速收缩、扭曲和开裂等，不利于其永久保存。因此，为保护木质文物的历史、艺术、文化等信息，考古发掘出水出土的饱水木质文物保护是十分迫切、必要和重要的。

二、饱水木质文物保存状况分析检测

饱水木质文物保存状况评估是保护研究的重要内容，不仅可以了解木材降解程度，还可以根据其降解程度选择适宜保护方法。

1. 饱水木质文物降解程度评估

饱水木质文物降解程度评估与分析主要包括显微形貌分析、物理性质分析、化学成分分析和力学性质分析四个方面。

1）显微形貌分析

木材解剖学分析是一种常用的木材显微形貌特征表征方法，一般方法为通过对木材的横向、径向、弦向切制薄片，在光学显微镜下观察、记录木材显微结构。通过该方法，首先，可获取木材树种等基本信息；其次，观察木材管胞、纹孔、木射线等结构变化，以及木材结构双折射光学现象，判断饱水木质文物保存状况；再次，观察到真菌、细菌等微生物活动痕迹，评估木材微生物病害及其对木材显微特征的影响；最后，观察到木材显微结构中的难溶沉积物，如铁质沉积物、钙质沉积物等，评估沉积物在木材显微结构中的富集情况。

2）物理性质分析

饱水木质文物因降解导致木材含水率、基本密度等物理性质发生变化。一般来讲，饱水木材降解程度增加时，其基本密度降低、最大含水率增大①。可以通过检测木材最大含水率、基本密度等物理参数评估木材降解程度。

3）化学性质分析

饱水木质文物降解过程中，纤维素、木质素等化学成分变化程度是不同的，其中综纤维素（指植物纤维原料除去木质素后所保留的全部半纤维素和纤维素的总量）降解较木质素更为快速、明显，可以通过检测木材综纤维素与木质素比值变化评估木材降解程度。

饱水木质文物降解程度的化学分析检测方法中，湿化学分析方法和红外光谱半定量分析方法应用较为广泛。湿化学法主要通过检测、计算饱水木材中木质素、纤维素、半纤维素和无机成分等含量，评估木材降解程度。红外光谱半定量分析方法[①]较湿化学法更为方便快捷，根据朗伯比尔定律，采用谱带比值法定量分析基团强度相对变化。使用 OMNIC 软件计算综纤维素和木质素的特征峰面积，其峰面积比值可反映木质文物中综纤维素和木质素相对含量，根据比值大小判断木材降解程度。除此之外，还可以通过元素分析（C、H、O、N、S 元素含量分析）、纤维素和木质素相对含量分析、拉曼光谱分析、核磁共振波谱分析、X 射线衍射分析、X 射线荧光光谱分析等评估木材的降解程度[②]。

4）力学性质分析

饱水木质文物发生降解时，木材力学性质发生不同程度改变。木材力学性能参数主要包括硬度、抗拉强度、抗压强度、抗弯强度等[③]，可以通过硬度计、万能材料试验机[④]、纳米压痕仪[⑤]、动态热机械仪等分析[⑥][⑦]。

2. 饱水木质文物中沉积物分析

沉积物在饱水木质文物中普遍存在，特别海洋环境出水的饱水木质文物中存在大量沉积物。我国海洋出水古代沉船多为货船，普遍装载大量铁质器物，使海洋出水沉船及木质文物普遍存在铁质沉积物。在潮湿条件下，Fe^{2+}/Fe^{3+} 参与的 Fenton 反应可以使木材中有机组分发生降解[⑧]。木材中还原态铁质沉积物在水和氧气存在时极易发生氧化，生成硫酸，促进木材降解[⑨]。当环境中温度和相对湿度发生变化时，铁质化合物溶解/析出过程也会对木材微观结构造成应力损伤[⑩]。富集铁质沉积物的饱水木材暴露在有氧条件下的时间越长，木材降解程度就越高。为了能够稳定保存饱水木材，需要分析、检测海洋出水木质文物中沉积物，为后续沉积物脱除奠定基础。

① 肖嶙：《成都商业街船棺葬出土棺木保存状况的初步分析》，《文物保护与考古科学》2015 年第 2 期。

② Hoffmann P. Chemical wood analysis as a means of characte-rising archaeological wood. *Proceedings of the ICOM Group on Wet Organic Archaeological Materials Conference*, 1982: 69-72.

③ 李坚：《木材保护学》，科学出版社，2006 年，第 154～172 页。

④ Liu L, Zhang L, Zhang B, et al. A comparative study of reinforcement materials for waterlogged wood relics in laboratory. *Journal of Cultural Heritage*, 2019, (36): 94-102; Han L, Tian X, Keplinger T, et al. Even visually intact cell walls in waterlogged archaeological wood are chemically deteriorated and mechanically fragile: a case of a 170 year-old shipwreck. *Molecules,* 2020, 25 (5): 1-16.

⑤ Han L. A quasi-nondestructive evaluation method for physical-mechanical properties of fragile archaeological wood with TMA: a case study of an 800-year-old shipwreck. *Forests*, 2022, 13 (1): 1-8.

⑥ 钟永、任海青、武国芳等：《无疵小试样木材物理力学性质试验方法第 9 部分：抗弯强度测定》GB/T 1927.9-2021，2021 年。

⑦ 任青、钟永、张青华等：《无疵小试样木材物理力学性质试验方法第 10 部分：抗弯弹性模量测定》GB/T 1927.10-2021，2021 年。

⑧ Lindfors E L, Lindstroem M, Iversen T. Polysaccharide degradation in waterlogged oak wood from the ancient warship Vasa. *Holzforschung*, 2008, 62 (1): 57-63.

⑨ 刘英俊：《元素地球化学》，科学出版社，1984 年，第 86～101 页。

⑩ Fors Y. *Sulfur Speciation and Distribution in the Vasa's Wood Protection by Water Pollution Leaves a Sour Aftertaste*, Thesis, Dept. of Structural Chemistry, Stockholm University, 2004.

　　饱水木质文物沉积物检测与分析，应尽量做到对沉积物的物相组成及其在木材中的分布认知全面、详尽。可结合解剖学方法，通过光学显微镜、超景深三维显微镜，对木质文物中沉积物的显微形貌和分布直接观察，拍照并记录沉积物的颜色、颗粒形状等信息；环境扫描电子显微镜能谱仪（ESEM-EDS）可以检测分析沉积物成分和分布状况；X射线光电子能谱（XPS）可以分析饱水木质文物中铁和硫元素的化学价态；拉曼光谱仪（Raman）、X射线衍射仪（XRD）可分析沉积物的物相组成。

三、饱水木质文物病害

　　饱水木质文物常见病害主要包括变形、糟朽、断裂、残缺、裂隙、凝结物、盐类病害、微生物病害、海洋生物病害、变色等。

　　详细分类与界定详见《馆藏出土竹木漆器类文物病害分类与图示 WW/T 0003-2007》《可移动文物病害评估技术规程竹木漆器类文物 WW/T 0060-2014》《海洋出水木质文物病害分类统计与分级 T/CI 125-2023》。

四、饱水木质文物保护方案编制程序

　　出水木质文物保护的一般程序或技术路线，可参考《馆藏出土竹木漆器类文物保护修复方案编写规范 WW/T 0008-2007》，在其指导下开展具体的饱水木质文物保护研究与方案编制。

　　1）木质文物保存现状评估

　　首先，评估木材的降解程度，降解程度评估是木质文物保存状态评估的重要方面，不仅需要从木材的完整程度、颜色、质地等宏观方面评估，还需从木材显微结构、物理性质、化学性质、力学性质等方面评估。

　　其次，分析木材中沉积物组分与分布情况，可利用超景深三维显微镜、环境扫描电子显微镜及能谱仪、拉曼光谱仪、X射线衍射仪等仪器分析评估木质文物长久保存的潜在危害。

　　2）木质文物价值评估

　　木质文物的发掘与获得是十分难得与珍贵的，通过保存现状评估，应正确评估木质文物的科学价值、历史价值和艺术价值。对于以古代沉船为代表的大型饱水木质文物，其保护过程的难度相对较大，应结合实际情况，尽快制定保护方案、开展相关保护措施，在保护过程中还需特别关注相对湿度等环境因素对饱水木质文物产生的影响。

　　3）脱盐

　　根据木质文物中沉积物分析检测结果，确定沉积物的脱除方法与脱除材料。目前木质文物中沉积物脱除以去离子水或化学试剂浸泡方法为主，应依据检测得到的沉积物类型使用对应的脱除材料和方法。

4）脱水加固

脱水加固是饱水木质文物保护过程中关键一环。根据木质文物大小、厚度和保存状态等，选择适宜的脱水加固方法。目前常用方法有主要包括受控气干法（有控自然干燥）、填充法、乙二醛法、醇醚法、超临界流体干燥法和冷冻干燥法等。

5）封护

为进一步提高木质文物适应保存环境能力，需采用适宜的材料封护木质文物。目前，涂刷桐油、生漆等天然材料为较为常见和成熟方法。

6）抑菌防霉

根据木质文物保存环境中微生物的多样性，对木质文物有害微生物采取抑菌防霉处理，采用适宜的抑菌防霉材料处理木质文物。

7）环境控制

木材具有"干缩湿胀"的特点，木质文物在干燥环境中会引发干缩开裂，在高温高湿环境中易产生微生物危害，加快劣变速度。因此，适宜的保存环境对木质文物的稳定性尤其重要。馆藏木质文物保存环境的温度一般控制在25℃以内，相对湿度控制在45%～60%[①]。实际需根据当地气候变化以及博物馆的实际情况来适当调整。

以上为饱水木质文物保护的一般程序或技术路线，基本适合于大部分木质文物保护方案的制定。

五、案例：南海Ⅰ号沉船出水木质文物中沉积物脱除示范

项目名称：南海Ⅰ号沉船出水木质文物中沉积物的脱除示范
文物名称：南海Ⅰ号沉船出水散木
保护机构：山东大学、中国文化遗产研究院
保护时间：2020 至 2023 年
保护人员：马清林、沈大娲、张治国、张宏英、王奕舒等

1. 前言

在开展"重大自然灾害监测预警与防范"重点专项——"海洋出水木质文物保护关键技术研发"项目过程中，分析了 6 件南海Ⅰ号沉船出水散木。样品可以根据散木表面沉积物附着程度不同，分为表面无明显沉积物析出（样品 K2NH-13）、有明显沉积物析出（样品 K2NH-2、K2NH-8 和 K2NH-11）以及严重矿化（样品 K2NH-1 和 K2NH-10）三类（图 4-88；表 4-30；图 4-89）。

---

① 张晋平：《博物馆环境监测控制技术》，中国环境出版社，2013 年，第 105～133 页。

图 4-88 南海Ⅰ号沉船发掘现场（广东阳江）照片 [①]

表 4-30 南海Ⅰ号沉船出水散木基本情况

序号	编号	取样位置及保存状况	规格（长 × 宽 × 高）/ cm × cm × cm
1	K2NH-1	取自船底淤泥层，表面被大量泥沙包裹。无原编号	22.4 × 8.4 × 2.3
2	K2NH-2	取自船底淤泥层，表面被大量泥沙包裹。无原编号	28.9 × 19.1 × 3.9
3	K2NH-8	取自 4 号池，表面无明显沉积物。原编号为：BHD2（前）RR2L	31.4 × 6.2 × 4.6
4	K2NH-10	取自 4 号池，去离子水浸泡，表面含有大量沉积物。原编号为：2015NHIN033 T0402-④-27 格	34.6 × 7.2 × 2.0
5	K2NH-11	取自 7 号池，EDTA-2Na 浸泡	6.2 × 3.8 × 3.5
6	K2NH-13	取自 17 号池，表面无明显沉积物。原编号：C10a ①	13.6 × 11.3 × 1.4

2. 病害评估与科学分析

1）木材降解程度

木材基本密度和最大含水率等物理性质可用于分析海洋出水木材降解程度。样品分析结果见图 4-90。分析结果表明，样品最大含水率在 104%～641%，基本密度在 0.1303～0.6307g/cm³。4 个样品最大含水率高于 400%，1 个样品最大含水率接近 300%。相比其他样品，样品 K2NH-10 最大含水为最低（104%），基本密度最高（0.6307g/cm³）。

---

① 由《南海Ⅰ号发掘现场保护》项目组提供。

图 4-89　南海Ⅰ号沉船出水散木照片

1. K2NH-1　2. K2NH-2　3. K2NH-8　4. K2NH-10　5. K2NH-11　6. K2NH-13

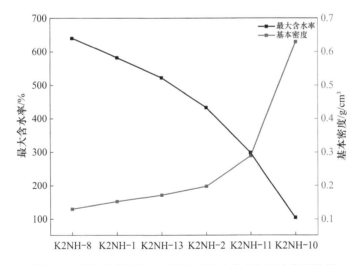

图 4-90　南海Ⅰ号沉船出水散木最大含水率与基本密度关系

　　与健康松木相比，南海Ⅰ号沉船出水散木的热水抽提物（1.2%～5.3%）和苯醇抽提物（1.5%～7.4%）含量较低，说明木材中大部分低分子量多糖发生了降解（图 4-91）。

　　南海Ⅰ号沉船出水散木中 α- 纤维素含量（14.6%～4.3%）低于健康松木（42.3%）；

不溶性木质素含量（76.1%～32.1%）高于健康木材（21.3%）。化学组分中综纤维素与木质素比值（H/L）的降低，表明南海Ⅰ号沉船出水散木所有的样品中碳水化合物的质量存在损失。

样品灰分含量（1.6%～37.9%）异常高，且不同样品间差异较大。EDTA-2Na 溶液浸泡池中的样品 K2NH-11 具有很高的灰分含量（37.9%），高于其他样品。来自去离子水浸泡池的样品 K2NH-13 的灰分含量（1.6%）低于其他样品。这与木材埋藏环境是否接近铁质文物和铁质凝结物有关。根据等离子体电感耦合质谱仪（ICP-MS）结果，灰分中含量最高的元素为 Fe，其次为 S（图 4-92）。

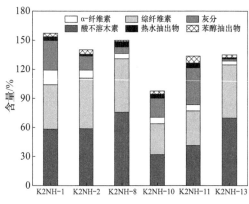

图 4-91　南海Ⅰ号沉船出水散木的化学组分

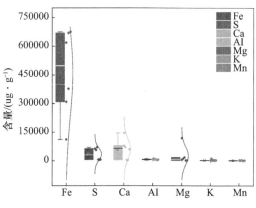

图 4-92　南海Ⅰ号沉船出水散木灰分中
无机元素散点图

健康松木中元素 C、H、O、N、S 百分含量分别为 49.9%、6.3%、42.9%、1.0%、0.2%。分析南海Ⅰ号沉船出水散木样品的 C、H、O、N、S 元素与健康松木相比，所有样品的 H 和 N 含量均较低。所有样品中 S 含量在 3.1%～8.0%，高于健康松木。除样品 K2NH-2 和 K2NH-13 外，C 含量均较低。氧碳比（O/C）和 H 含量的降低是碳水化合物降解和木质素保留的特征。分析结果表明，随着综纤维素含量的增加，O/C 比值逐渐降低（图 4-93）。

木材主要由纤维素、半纤维素和木质素三种天然有机高分子物质组成。纤维素、半纤维素和木质素在 1800～800cm^{-1} 的"指纹"波数区呈现特征性红外吸收带。因此，可以根据指纹图谱数据评价木材的降解程度。与健康松木相比，散木样品中纤维素在 896cm^{-1} 处未出现 C-H 吸收带。在 1373cm^{-1} 处未出现纤维素中 C-H 谱带，在 1158cm^{-1} 和 1059 cm^{-1} 处未出现 C-O-C 和 C=O 伸缩的谱带，表明木材中的纤维素和半纤维素发生了降解。在 1591cm^{-1}、1510cm^{-1} 和 1425cm^{-1} 芳香骨架振动，1267cm^{-1} 愈创木基 C-O-C 振动和 1458cm^{-1}C-H 变形表明，样品中木质素的相对富集。红外光谱结果表明南海Ⅰ号沉船出水散木中半纤维素发生了降解，纤维素发生了部分降解（图 4-94）。

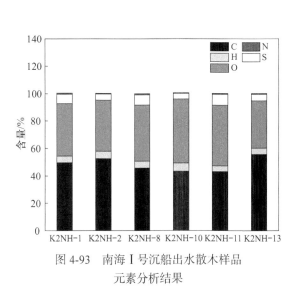

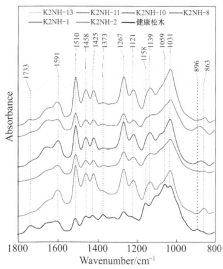

图 4-93　南海 I 号沉船出水散木样品
元素分析结果

图 4-94　南海 I 号沉船出水散木的
红外光谱图

2）木材结构中沉积物

散木样品沿横向切割，利用超景深显微镜观察切面，样品 K2NH-1、K2NH-8、K2NH-10 和 K2NH-11 的横向切面，有大量黑色和黄褐色沉积物不均匀地富集于导管管孔和裂隙中，靠近样品表面区域大量导管完全被沉积物填充（图 4-95）。

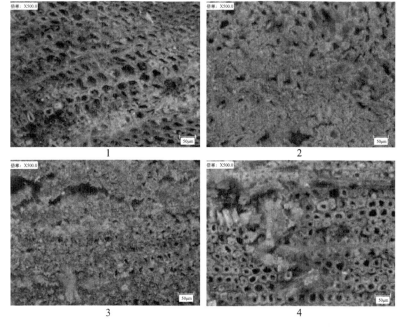

图 4-95　南海 I 号沉船出水散木样品横向切面
1. K2NH-1　2. K2NH-8　3. K2NH-10　4. K2NH-11

利用光学显微镜观察散木样品横向和弦向切片，可见木材射线管胞和轴向管胞内富集有大量沉积物。样品 K2NH-10 和 K2NH-11 的横向和弦向切面显示红色和黑色沉积物不均匀沉积于木材细胞腔内壁、胞间层和射线中，部分轴向管胞和射线管胞被大量沉积物完全填充（图 4-96）。

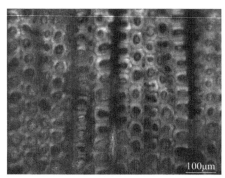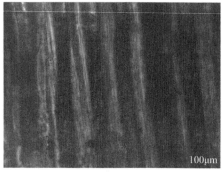

1. 样品 K2NH-10 显微观察

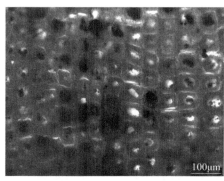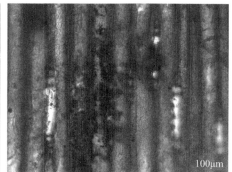

2. 样品 K2NH-11 显微观察

图 4-96　南海Ⅰ号沉船出土散木样品显微观察（左为横向切面，右为弦向切面）

X 射线衍射分析结果显示，样品 K2NH-1、K2NH-2、K2NH-8、K2NH-10 和 K2NH-11 中含有铁质沉积物，种类有黄铁矿（FeS_2）、菱铁矿（$FeCO_3$）、羟基氧化铁（$FeOOH$）、磁铁矿（Fe_3O_4）、硫酸铁［$Fe_2(SO_4)_3$］（表 4-31；图 4-97）。

表 4-31　南海Ⅰ号沉船出水散木中铁质沉积物物相分析结果

序号	样品编号	物相种类
1	K2NH-1	羟基氧化铁、黄铁矿、菱铁矿、二氧化硅
2	K2NH-2	二氧化硅
3	K2NH-8	羟基氧化铁、黄铁矿
4	K2NH-10	磁铁矿、羟基氧化铁
5	K2NH-11	磁铁矿、羟基氧化铁、菱铁矿、$Fe_2(SO_4)_3$
6	K2NH-13	—

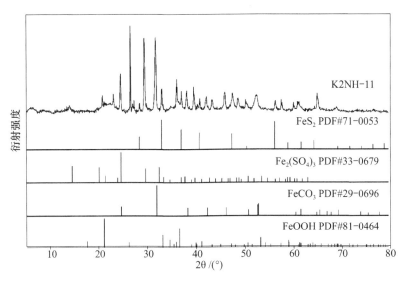

图 4-97　南海 Ⅰ 号沉船出水散木样品 K2NH-11 XRD 谱图

通过 SEM 也观察到了木材结构中的铁质沉积物。从 SEM 照片可以看出，K2NH-10 样品弦向切面和 K2NH-11 样品横向切面均能观察到不同形状的沉积物颗粒富集。

铁质沉积物颗粒组成分析结果表明，Fe 和 S 是铁质沉积物颗粒主要元素组成。铁质沉积物颗粒中 Fe 元素含量远高于 S。EDS 结果表明 Fe 与 S 的摩尔比在 2.9 : 1 至 19 : 1 之间。沉积物中铁含量较高，推测为铁的氧化物。

样品 K2NH-10 的元素面扫描显示沉积物颗粒中 S 和 Fe 元素共存，木材结构中沉积物颗粒的 Fe 元素含量高于 S 元素。根据样品 K2NH-11 的 XRD 和 SEM-EDS 分析结果，脱除 20 个月后，木材结构中仍存在铁质沉积物。与 K2NH-10 样品相比，K2NH-11 样品铁质沉积物颗粒中 O 元素含量相对较低，S 元素含量相对较高。推测在 EDTA-2Na 溶液中浸泡后，样品 K2NH-11 木材结构中颗粒表面部分氧铁化合物发生了溶解（图 4-98；表 4-32）。

大幅面 X 射线荧光成像仪（MA-XRF）分析样品 K2NH-10 外部和内部的 Fe 和 S 的分布及相对含量。从样品 K2NH-10 上切取样品块，距横向表面 2 厘米，真空冷冻干燥。干燥后样品外观颜色为不均匀红色。铁质沉积物已经扩散并沉积到木质内部结构中，导致木材内部呈现棕黑色。MA-XRF 图谱的纵坐标分别代表样品 K2NH-10 表面和内部 Fe 和 S 元素相对信号强度。映射图中红色越多，表明木材中该位置 Fe 或 S 元素信号越强。即木材结构中该位置 Fe 或 S 元素相对含量越高（图 4-99；图版三，2）。

样品外表面和内部含有大量分布不均的 Fe 和 S 元素，样品外表面和内部 Fe 和 S 元素含量存在明显差异。与样品内部相比，样品外部的 Fe 含量较高，S 含量相对较低。无论是木材样品外部还是内部，Fe 元素倾向于富集在木材外表面，而 S 则倾向于富集在木材内部。在海洋埋藏环境下，铁质文物的腐蚀产物已经从木材结构外部渗透

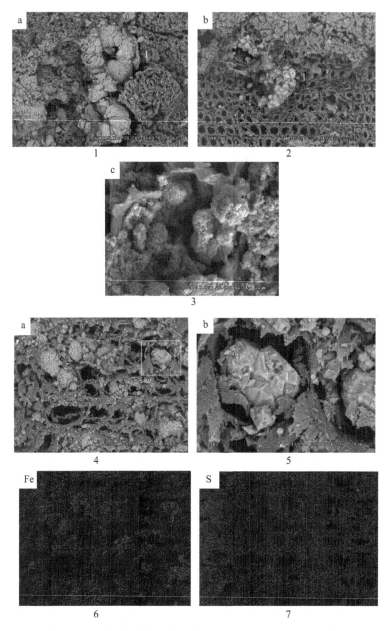

图 4-98　南海Ⅰ号沉船出水散木中铁质沉积物 SEM 照片以及元素面分布图
1、4、5. 样品 K2NH-10　2. 样品 K2NH-11　3. 样品 K2NH-11　6、7. K2NH-10 元素面分布图

表 4-32　南海Ⅰ号沉船出水木材中铁质沉积物 SEM-EDS 分析结果（单位：at%）

样品编号	分析点位	C	O	Fe	Na	Mg	Al	Si	S	K	Ca
K2NH-10	图 4-98-1-1	36.7	20.7	20.7	1.4	0.9	0.6	0.8	2.1	0.0	0.4
K2NH-11	图 4-98-2-1	73.9	6.8	14.5	0.2	0.4	0.2	0.5	3.4	0.0	0.1
K2NH-11	图 4-98-3-1	54.1	6.2	28.4	0.0	0.2	0.2	0.7	10.0	0.0	0.3
K2NH-10	图 4-98-5-1	30.8	10.7	49.2	1.7	1.4	1.0	2.3	2.6	0.1	0.2

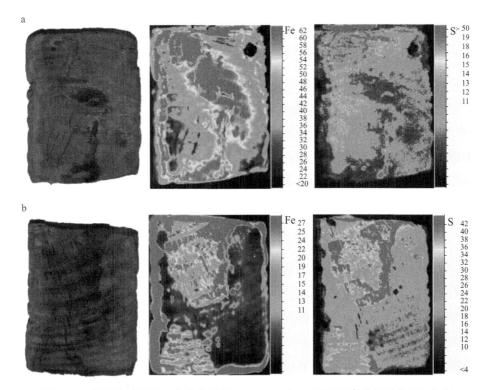

图 4-99 南海 I 号沉船出水散木样品 K2NH-10 中 Fe 和 S 元素的相对含量和分布
（上为样品外表面，下为样品内部横向切面）

到内部。木材中 Fe 含量的分布特征为外部相对较高，内部相对较低。富含铁沉积物的木材被打捞出来暴露在氧气中后，木材靠近表面的 Fe（II）硫化物被氧化成 FeOOH、$Fe_2(SO_4)_3$ 和硫酸。在去离子水浸泡过程中，木材外表面的可溶性 SO_4^{2-} 被溶解脱除，使得样品外表面 S 含量相对较低。

综上所述，南海 I 号沉船出水木质文物物理性质符合随着含水率升高，基本密度降低的趋势；化学组分中热水抽出物和苯醇抽出物含量较低，表明大部分多糖和树脂类有机物已降解；由于木材结构中沉积物富集，导材木材化学组分中灰分含量较高；与健康木材相比样品中氢元素和氮元素含量降低，而硫元素含量升高。通过红外光谱分析，木质文物中纤维素发生了部分降解。出水木质文物剖面分析结果表明，沉积物不均匀地富集于木材细胞腔内壁、胞间层、射线、纹孔中；靠近样品表面区域，大量木材细胞腔被沉积物完全填充。木质文物中铁质沉积物，包括黄铁矿（FeS_2）、菱铁矿（$FeCO_3$）、羟基氧化铁（FeOOH）、磁铁矿（Fe_3O_4）、硫酸铁［$Fe_2(SO_4)_3$］等。

3. 饱水水木质文物中沉积物脱除

沉积物分析结果表明，南海 I 号沉船含有大量铁质沉积物。铁质沉积物带来的不良影响最终会对木材造成不可逆的伤害，为减少沉积物对饱水木质文物的危害、使木质文物长久保存，脱除工作需迫切开展。因此，南海Ⅰ号沉船出水木质文物的沉积物脱除工作，主要包括难溶铁质沉积物的脱除和可溶盐的脱除。

1）脱除难溶沉积物

在脱除前可根据木质文物的保存状态将其分类，不同状态的木质文物可根据实际情况选择不同处理方法。对于保存状态较好、表面未明显富集铁质沉积物的木质文物，可采用化学络合试剂对其浸泡脱除处理。对于表面明显富集铁质沉积物的木构件，可先使用微纳米气泡技术脱除木材表面附着铁质沉积物，再使用络合试剂浸泡脱盐。对于局部被铁质凝结物紧密包裹的木质文物，可结合机械方法清除局部致密的铁质沉积物，然后使用络合剂浸泡脱除铁质沉积物。

（1）机械方法

采用以竹签、镊子、毛刷为主的工具，在不破坏木质文物前提下，对局部铁质沉积物开展清除工作。当木材被质地坚硬且致密沉积物覆盖，必要时可使用硬质毛刷配合手术刀操作，直至将表面附着物清理掉为止。清理过程中，须拍照记录清理前后木质文物外观变化，以评估清理效果。

（2）微纳米气泡脱除技术

将饱水木质文物放入大小适宜的容器中，倒入可完全没过木质文物的去离子水构成反应池。将微纳米气泡发生器喷头插入去离子水中，开启仪器进行清洗脱除工作，脱除过程中需调节适宜气流量，并监测反应池温度变化。定时观察木质文物表面沉积物清除状态，直至木材表面附着的铁质沉积物基本清洗干净。拍照记录清理前后木质文物外观变化，以评估清理效果。

（3）化学络合试剂浸泡法

将木质文物放置在浸泡池中，使用化学络合试剂（如 EDTA-2Na、DTPA 溶液）浸泡。在脱盐过程中，定期观察脱除溶液的颜色，并采集一定量脱除溶液，利用 ICP 分析脱除溶液中铁含量。对比不同时间段脱除溶液中铁含量，并分析铁含量变化情况。当脱除溶液中铁含量的变化趋于平衡时，更换脱除溶液。

在脱除过程中，需定期取木材样芯，利用 ICP 分析木材内部铁含量，以评估木材内部铁质沉积物的脱除情况。经过几个周期的浸泡后，如果脱除溶液颜色明显变浅，且脱除溶液和木材样芯中铁含量变化趋于平衡时，可将脱除溶液更换为去离子水，开展可溶盐脱除工作。

2）脱除可溶盐

铁质沉积物脱除处理结束后，开展可溶盐脱除工作。

首先，根据样品的数量、大小尺寸等实际情况搭建浸泡池。将木质文物放置于浸泡池中，注入可完全没过木质文物的去离子水。电导率仪定期测定浸泡液电导率，对比不同时间段浸泡溶液电导率的变化情况，当电导率变化趋于稳定时，说明木材中可溶盐析出达到平衡，可更换去离子水进一步脱盐。

在可溶盐脱除过程中，定期取木材样芯，利用离子色谱（IC）分析木材内部可溶盐（包括 Na^+、K^+、Ca^{2+}、Mg^{2+}、Cl^-、SO_4^{2-}、NO_3^- 等）的含量，以评估木材内部可溶盐脱除情况。利用 IC 分析浸泡液水样可溶盐含量，当浸泡液电导率有效降低，且木材样芯中可溶盐离子含量趋于平衡时，表明木材构件中可溶盐已较难脱除。

整个脱盐过程，需定期监测浸泡液中微生物滋生情况，如有明显微生物生长，可取样进行微生物鉴定，针对微生物类型投放杀菌剂。

3）保存条件选择

铁质沉积物脱除是一个漫长过程，且木材中沉积物不可能完全脱除，在脱盐处理后，还需采取环境控制方法减缓木材中残留沉积物继续氧化、析出，也是使木质文物长久稳定性保存的重要环节。

根据南海Ⅰ号沉船所在的海上丝绸之路博物馆"水晶宫"馆内实际保存环境条件，并结合国际保护经验[1][2]，从盐分稳定性及节能角度考虑，认为南海Ⅰ号沉船出水木质文物保存条件应满足：避免阳光直射，控制馆内温度不超过 25℃，日温差不超过 ± 3℃，相对湿度最好在 60 ± 5%RH 为宜，以避免在未来保存过程中出现沉积物爆发现象。因此，需在船体周围定点设置温湿度监测器，监测船体所在环境的温湿度变化情况。

六、结语

对于饱水木质文物来说，脱盐是一个长期过程，是饱水木质文物保护的关键步骤，也是脱水加固、封护等其他保护工作的前提。本案例以南海Ⅰ号沉船的饱水木质文物为研究对象，开展了木质文物中沉积物的认知与分析、沉积物的脱除相关研究工作。通过研究，探明了海洋出水木质文物铁质沉积物组成与分布，建立了针对饱水木质文物沉积物的脱除方法，为大型木质沉船沉积物脱除工作提供了技术支撑。

思　考　题

1. 不同材质文物有哪些常见病害？
2. 针对不同质地文物，如何选择保护修复方法和材料？
3. 通过学习，你能否理解编写文物保护修复方案的要点？

---

① Richards V. The consolidation of degraded deacidified Batavia timbers. *AICCM Bulletin*, 1990, 16 (3): 35-52.
② Hocker E. Maintaining a stable environment: Vasa's new climate system. *Journal of Preservation Technology*, 2010, 41: 2-3.

延 伸 阅 读

方北松、魏颜飞、童隆泰等:《馆藏出土竹木漆器类文物保护修复方案编写规范》WW/T 0008-2007,2007 年。

方北松、吴昊、林兆权:《馆藏出土竹木漆器类文物病害分类与图示》WW/T 0003-2007,2007 年。

马涛、齐洋、周伟强等:《石质文物保护修复方案编写规范》WW/T 0007-2007,2007 年。

潘路、成小林、王建平等:《馆藏金属文物保护修复方案编写规范》WW/T 0009-2007,2007 年。

奚三彩、郑冬青、范陶峰等:《馆藏纸质文物保护修复方案编写规范》WW/T 0025-2010,2010 年。

张金萍、陈潇俐、杨毅等:《馆藏纸质文物病害分类与图示》WW/T 0026-2010,2010 年。

李最雄、王旭东、谌文武等:《土遗址保护工程勘察规范》WW/T 0040-2012,2012 年。

苏伯民、陈港泉、王旭东等:《古代壁画病害与图示》GB/T30237-2013,2013 年。

汪万福、马赞峰、赵林毅等:《古代壁画保护修复方案编制规范》GB/T 30236-2013,2013 年。

马宏林、马涛、王翀等:《可移动文物病害评估技术规程 石质文物》WW/T 0062-2014,2014 年。

马立治、成小林、胥谓等:《可移动文物病害评估技术规程 金属类文物》WW/T 0058-2014,2014 年。

苏伯民、于宗仁、陈港泉等:《可移动文物病害评估技术规程 馆藏壁画类文物》WW/T 0061-2014,2014 年。

吴顺清、方北松、张扬等:《可移动文物病害评估技术规程 竹木漆器类文物》WW/T 0060-2014,2014 年。

杨小林、李艳萍、马立治等:《馆藏青铜质和铁质文物病害与图示》GB/T30686-2014,2014 年。

周伟强、齐扬、马涛等:《馆藏砖石文物病害与图示》GB/T30688-2014,2014 年。

第五章　文物数字化保护

第一节　文物数字化概述

文物作为人类历史发展和文明传承中弥足珍贵的遗存，体现了每个历史阶段的艺术审美、文化情趣、技术成就及政治文明情况，具有很高的历史、艺术和科学价值。文物由一定的材料构成，在地球环境中受热力学定律作用，绝大多数文物都会因自然劣化而逐渐失去其本体的稳定构成而趋于消亡。自然老化及环境和人为的多种因素导致文物普遍产生了糟朽、破损、残缺、变形、污染、表面色彩纹理褪变等病害，并不断改变着文物保存的现状。

信息技术飞速发展的今天，利用数字技术记录和保护传播文物的重要信息已是文物保护工作的重要方面。例如阿富汗巴米扬大佛被塔利班武装组织摧毁后的数字化重建[①]说明了数字化在文物保护中的重要作用和意义。近年来，特别是 2018 年与 2019 年巴西国家博物馆和法国巴黎圣母院相继发生大火，珍贵文物毁于一旦，这更凸显出了珍贵文物数字化存档的重要性和紧迫性。文物数字化保护不仅可以永久性地留存文物历史、文化、艺术内涵，还可以有效促进文物活起来，实现文物价值的最大化，对于文物保护、展示、研究、复原具有不可替代的重要意义。

2018 年，国家文物局办公室发布的《关于加强可移动文物预防性保护和数字化保护利用工作的通知》指出："预防性保护和数字化保护是提升文物保护利用水平的重要基础手段。"[②]2021 年 3 月，发布的《中华人民共和国国民经济和社会发展第十四个五年规划和 2035 年远景目标纲要》第三十五章"提升公共文化服务水平"提出，推进公共图书馆、文化馆、美术馆、博物馆等公共文化场馆免费开放和数字化发展[③]。以上政策文件也充分体现了国家层面对文物数字化工作的重视和期望。

随着三维扫描和数字图像处理技术的发展以及各类数码设备的日趋普及，欧美发达国家率先进入了文物数字化保护时代。20 世纪末，美国斯坦福大学和华盛顿大学"数字化米开朗基罗项目"（The Digital Michelangelo Project）将米开朗基罗的雕塑和建

---

① Gruen A, Remondino F, Zhang L. Photogrammetric Reconstruction of the great Buddha of Bamiyan, Afghanistan. *The Photogrammetric Record*, 2004, 19 (107): 177-199.

② 国家文物局办公室：《关于加强可移动文物预防性保护和数字化保护利用工作的通知》，2018 年。

③ 具体参见：中华人民共和国中央人民政府官网：《中华人民共和国国民经济和社会发展第十四个五年规划和 2035 年远景目标纲要》。http://www.gov.cn/xinwen/2021-03/13/content_5592681.htm.

筑数字化[①]，该项目扫描了包括巨大的大卫雕像在内的 10 座雕像，以及包括米开朗基罗设计的梅迪奇礼拜堂（Medici Chapel）在内的 2 座建筑的内部。斯坦福大学"Forma Urbis Romae"数字化项目，使用激光扫描仪和数字彩色照相机数字化记录大理石罗马平面图每个已知碎片的形状和表面，旨在完成 1186 片巨型大理石碎块罗马地形图的拼接[②]。普林斯顿大学布朗（B. J. Brown）等人[③]合作对西拉火山岛的阿克罗蒂里遗址（The Site of Akrotiri on the Volcanic Island of Thera，现在希腊的圣托里尼岛）出土破碎壁画开展数字化留存研究，设计开发了一套针对壁画碎片元数据的采集数字化系统。

国内，浙江大学与敦煌研究院合作在 20 世纪末较早开始了文物数字化保护的相关工作。研究工作聚焦于古代壁画色彩复原[④]、虚拟修复[⑤]、文物三维数据获取与建模[⑥]、数字博物馆与数字展示[⑦]等。20 世纪 90 年代末，故宫博物院开始"数字故宫"建设，以"多进数据库、少进文物库"为目标，不断将实体文物转化为数字资源。截至 2021 年 9 月，故宫已完成 75 余万件藏品基础影像采集，累计拍摄数字影像 180 余万张；截至 2018 年，有 1100 余件文物完成三维立体影像采集[⑧]。2007 年中德文物保护科技工作者合作，将全景摄影技术应用于秦兵马俑遗址与文物数字化保存和展示，取得了较好效果[⑨]。2009 年开始，秦始皇兵马俑博物馆对兵马俑一号坑 100 套陶俑建立真三维数字模型；2011 年完成秦陵一号铜车马的真三维数字建模[⑩]。2016 年，浙江大学以云冈第十二窟为例，结合三维重建、3D 打印和颜色科学等技术，实现了洞窟等比例打印复制。2008 年，中国文化遗产研究院与北京建筑大学合作开展了千手观音造像三维激光扫描、照片拍摄、工程图件制作[⑪]及三维展示系统设计[⑫]，并基于大足石刻三维激光扫描开展了

① Levoy M. The digital Michelangelo project. Second International Conference on 3-D Digital Imaging and Modeling (Cat. No.PR00062). *IEEE*, 2002: 2-11.

② Koller D, Trimble J, Najbjerg T, et al. Fragments of the city: Stanford's digital forma urbis romae project to appear in the proceedings of the third williams symposium on classical architecture. *Journal of Roman Archaeology*, 2006 (61): 237-252.

③ Brown B, Toler-Franklin C, Nehab D, et al. A system for high volume acquisition and matching of fresco fragments: reassembling Thetan wall paintings. *ACM Transactions on Graphics*, 2008, 27 (3): 15-19.

④ 魏宝刚、潘云鹤：《基于框架和规则的古代壁画色彩复原》，《模式识别与人工智能》1999 年第 12 卷第 4 期；魏宝刚、潘云鹤、华忠：《基于类比的壁画色彩虚拟复原》，《计算机研究与发展》1999 年第 11 期；华忠、鲁东明、潘云鹤：《敦煌壁画虚拟复原及演变模拟模型研究》，《中国图象图形学报》2002 年第 2 期；Wei B, Liu Y Pan Y. Using hybrid knowledge engineering and image processing in color virtual restoration of ancient murals. *IEEE Transactions on Knowledge and Data Engineering*, 2003, 15 (5): 1338-1343.

⑤ 潘云鹤、鲁东明：《古代敦煌壁画的数字化保护与修复》，《系统仿真学报》2003 年第 3 期。

⑥ 刘刚、张俊、刁常宇：《敦煌莫高窟石窟三维数字化技术研究》，《敦煌研究》2005 年第 4 期。

⑦ 刘洋、鲁东明、刁常宇等：《敦煌 285 窟多媒体集成虚拟展示》，《计算机辅助设计与图形学学报》2004 年第 11 期。

⑧ 王旭东：《数字故宫的过去、现在与未来》，《科学教育与博物馆》2021 年第 7 卷第 6 期。

⑨ 霍笑游、孟中元、杨琦：《虚拟现实——秦兵马俑遗址与文物的数字化保护与展示》，《东南文化》2009 年第 4 期。

⑩ 王婷：《文物真三维数字建模技术在秦始皇兵马俑博物馆中的应用——以一号坑陶俑为例》，《文物保护与考古科学》2012 年第 4 期。

⑪ 吴育华、胡云岗：《试论数据采集与虚拟修复在大足石刻修复中的应用》，《中国文物科学研究》2013 年第 3 期。

⑫ 胡云岗、陶涛、吴育华等：《大足石刻千手观音造像三维展示系统设计与实现》，《文物保护与考古科学》2015 第 7 卷第 S1 期。

千手观音造像的虚拟修复研究[①]。2018 起，龙门石窟研究院与浙江大学合作融合三维数字化技术、颜色检测分析技术、雕塑艺术等，将海外回归高树龛佛首与洞窟遗存通过数字化手段实现"身首合一、复位合璧"[②]。

近年来，国内外文物数字化保护研究和应用更是蓬勃发展。相关研究聚焦于文物数据采集与留存、三维建模[③]、虚拟修复[④]、虚拟复原[⑤]、虚拟展示[⑥]等内容；已在古建筑[⑦]、文化遗址[⑧]、石窟寺[⑨]、彩绘塑像[⑩]、壁画[⑪]、青铜器[⑫]等各类文物中取得了很大进展。三维

① Hou M, Yang S, Hu Y, et al. A novel method for the virtual restoration of cultural relics based on a 3D fine model. *Revista Dyna*, 2015 (3): 307-313; Hou M, Yang S, Hu Y, et al. Novel method for virtual restoration of cultural relics with complex geometric structure based on multiscale spatial geometry. *ISPRS International Journal of Geo-Information*, 2018, 7 (9): 353.

② 李敏、刁常宇、葛云飞等：《石窟寺文物的数字化保护与利用》，《遥感学报》2021 年第 25 卷第 12 期。

③ 夏国芳、胡春梅、范亮：《一种面向造像类文物的真三维模型精细重建方法》，《敦煌研究》2018 年第 3 期；余生吉、吴健、王春雪等：《敦煌莫高窟第 45 窟彩塑高保真三维重建方法研究》，《文物保护与考古科学》2021 年第 3 期；童永东、蔡友振、马清林：《造像类文物高保真信息三维建模方法研究》，《石窟与土遗址保护研究》2022 年第 1 卷第 1 期。

④ Yang W, Zhou M, Zhang P, et al. Matching method of cultural relic fragments constrained by thickness and contour feature. *IEEE Access*, 2020, 8: 25892-25904; Zhang Y, Li K, Zhang S, et al. A multi feature fusion method for reassembly of 3D cultural heritage artifacts. *Journal of Cultural Heritage*, 2018, 33: 191-200; Cao J F, Li Y F, Zhang Q, et al. Restoration of an ancient temple mural by a local search algorithm of an adaptive sample block. *Heritage Science*, 2019, 7: 1-14.

⑤ Kirchner E, Van der Lans I, Ligterink F, et al. Digitally reconstructing van gogh's field with irises near arles part 3: determining the original colors. *Color Research & Application*, 2018, 43: 311-327; Machidon O, Ivanovici M. Digital color restoration for the preservation of reversal film heritage. *Journal of Cultural Heritage*, 2018, 33: 181-190; 税午阳、吴秀杰：《奇和洞古人类头骨面貌的三维虚拟复原》，《科学通报》2018 年第 63 卷第 8 期；Marić J, Bašić Ž, Jerković I, et al. Facial reconstruction of mummified remains of Christian Saint-Nicolosa Bursa. *Journal of Cultural Heritage*, 2020, 42: 249-254；童永东：《彩塑文物色彩与纹理虚拟复原研究——以山东灵岩寺彩绘达摩像为例》，北京科技大学博士学位论文，2022 年。

⑥ 赵菁、张乘风：《基于虚拟现实技术的南京鼓楼建筑情景复原》，《工业工程设计》2020 年第 2 卷第 1 期。

⑦ Fawzy H. 3D laser scanning and close-range photogrammetry for buildings documentation: A hybrid technique towards a better accuracy. *Alexandria Engineering Journal*, 2019, 58 (4): 1191-1204; Zhang X, Zhi Y, Xu J, et al. Digital Protection and Utilization of Architectural Heritage Using Knowledge Visualization. *Buildings*, 2022, 12 (10): 1604; Zhang X, Zhang A, Xu J, et al. Documentation and Inheritance of Ancient Opera Stage Based on Multidisciplinary Approach and Digital Technology. *Buildings*, 2022, 12 (7): 977.

⑧ Cai Z, Fang C, Zhang Q, et al. Joint development of cultural heritage protection and tourism: the case of Mount Lushan cultural landscape heritage site. *Heritage Science*, 2021, 9: 1-12; Frodella W, Elashvili M, Spizzichino D, et al. Combining infra red thermography and uav digital photogrammetry for the protection and conservation of rupestrian cultural heritage sites in georgia: a methodological application. *Remote Sensing*, 2020, 12 (5): 892-897.

⑨ 刁常宇、李志荣：《石质文物高保真数字化技术与应用》，《中国文化遗产》2018 年第 4 期；Chai B, Yu Z, Su B. Virtual reconstruction of the painting process and original colors of a color-changed Northern Wei Dynasty mural in Cave 254 of the Mogao Grottoes. *Heritage Science*, 2022, 10: 1-16.

⑩ 周麟麟、蒋玉秋、马清林等：《山东青州龙兴寺北齐菩萨像服饰研究和色彩重建——以 24 号菩萨立像为例》，《中原文物》2019 年第 1 期；Tong Y, Cai Y, Nevin A, et al. Digital technology virtual restoration of the colours and textures of polychrome Bodhidharma statue from the Lingyan Temple, Shandong, China. *Heritage Science*, 2023, 11: 1-12.

⑪ Cao J, Li Y, Zhang Q, et al. Restoration of an ancient temple mural by a local search algorithm of an adaptive sample block. *Heritage Science*, 2019, 7: 1-14.

⑫ Han D, Ma L, Zhang J, et al. The digital restoration of painted patterns on the No. 2 Qin bronze chariot based on hyperspectral imaging. *Archaeometry*, 2020, 62 (1): 200-212.

扫描、倾斜摄影、摄影测量、计算图形处理、虚拟现实、增强现实、纹理映射、3D 打印等技术的不断发展与进步进一步促进了文物数字化保护工作的兴盛与繁荣。

第二节 文物数字信息采集

文物数字化保护中如何科学准确采集和处理文物数字化信息，如何三维建模，如何融合文物多源数据，如何更好发挥文物数字化信息在文化传播和文物展示中的作用等，都是文物数字化保护工作的主要内容。本节介绍文物数字化保护的一般流程与方法。

一、技术摄影（可见光照片）

技术摄影即通常的可见光照片拍摄，它是文物数字化保护中最基础和普遍的技术手段。拍摄照片所用的照相机是一种在感光材料上逐幅记录静止影像的设备[1]。其成像原理是"小孔成像"，即景物透过小孔后，在其对面形成景物的倒影（图 5-1）。

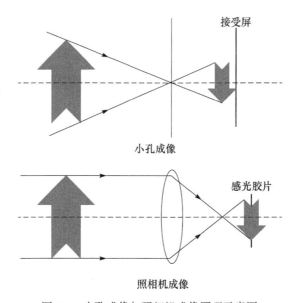

图 5-1　小孔成像与照相机成像原理示意图

人类从对"小孔成像"现象的认识到发明照相机历经了很长时间。1839 年法国画家达盖尔发明了运用感光材料碘化银留住影像的银版摄影法，在装有新型透镜的伸缩木箱内装上银版感光片，就此诞生了第一架真正的照相机[2]。之后，照相机经历银版感光阶段、胶片感光阶段和数字化阶段。

---

① 钱元凯：《现代照相机的原理与使用》，浙江摄影出版社，2003 年，第 8 页。
② 丁骏：《照相机的发展史》，《初中生世界》2008 年第 Z6 期。

数码相机由机身和镜头两大部分构成。

机身主要功能是感光材料的载体和控制曝光时间（快门和速度）。现代数码相机则增加了即时显示的液晶显示屏和存储照片的存储卡等其他功能结构。

镜头主要作用有两点：一是对焦，即将被摄物体清晰成像在感光材料上；二是控制单位时间内的进光量。

文物数字化保护中对于摄影设备要求尚未形成广泛应用的标准。一般来说数码相机影像传感器尺寸应不小于 24mm×36mm，应支持 R、G、B 每通道色彩深度大于12Bit，影像传感器 ISO 感光指数最低值不高于 ISO100，影像传感器 R、G、B 有效像素数应大于 2000 万个。光源使用应满足以下要求[①]：封闭空间内连续照明光源应使用冷光源；光源色温应为 5500±550k；拍摄用持续光源的发射亮度应一致，24 小时内任意两次拍摄时灯光输出的面积和亮度差异小于 10%；拍摄用闪光光源每两次闪光之间输出能量差距不大于 1/50 挡光圈。色温应在 5500±550k，且使用同功率输出情况下每两次闪光之间色温浮动不大于 200k；闪光灯作为光源，型号、参数相同时闪光灯输出的面积和亮度差异小于 5%；闪光灯应具备紫外线过滤功能以减少闪光灯发出的紫外线对文物造成损伤。

文物形状、材料、尺寸、光照环境等千差万别，因此在文物摄影中根据不同情况和需要应制定适宜的摄影方案。就文物摄影技巧来说应主要关注构图、拍摄角度、用光、背景这四个方面。构图要突出主体，确定拍摄的主要内容，着重表现文物内涵。如拍摄一件瓷器，器物应位于画面的正中央，器物在画面中的占比不宜太小，也不能充满整个画面，占比太小不能突出主题和器物细节，充满整个画面则会失去背景衬托，不能更好地显示出器物轮廓。拍摄古建筑、石窟寺、古遗址、墓葬等大型不可移动文物时构图要兼顾文物整体与细节之间的关系。拍摄角度选择首先要考虑文物的真实性。文物拍摄属于静物摄影范畴，但又不同于一般静物摄影，最大的区别是不能为追求新颖的拍摄角度，而使器物发生变形。如相机机位过高会将器物拍"扁"，过低会将器物拍"长"[②]。拍摄角度选择其次要展示文物最完美的一面，尤其要注意文物的使用习惯和完整性。如拍摄有柄的杯子、壶等文物时，柄的方向要向右，因为日常生活中人们惯用右手的居多。拍摄三足鼎时，要单足朝前放置；拍摄爵、四足鼎等器物时，双柱不能拍成单柱，三足、四足不能拍成两足，要尽量完整地展现文物信息，不能让观者产生误解。光影是文物摄影的灵魂，根据文物色彩、纹理、质地、光照环境等不同适宜用光和布光。在拍摄馆藏文物时，侧光能很好地勾勒出器物的纹饰及轮廓，通常用来拍摄书画、青铜、瓷器、玉器等。逆光主要用来突出器物的轮廓，增强画面立体感，拍摄矿石及动物标本时用得较多。拍摄文物时，背景色选择也特别重要，合适的背景

---

① 郑宇、李玉敏、王泽昊等：《古建筑壁画数字化测绘技术规程》WW/T 0082-2017，2017 年。
② 阮浩：《镜头中的美玉——浅析玉器文物摄影》，《文物鉴定与鉴赏》2022 年第 6 期。

能衬托出主体，避免主次不分。背景颜色遵循的原则是：第一，背景颜色不能与器物相近；第二，反差要适当。如果背景色与器物相近，很容易造成边界不清，给后期制作带来很大难度。如果反差太过强烈，会造成画面冲击力过大，失去器物原有色泽和质感。馆藏文物拍摄时通常选用黑、白、灰（浅灰、中灰或渐变灰）三色背景纸搭配使用。

拍好的文物照片根据不同需要还需做进一步处理。Adobe 公司开发的 Photoshop 是一款功能强大的专业图像处理软件。应用该软件可以裁剪照片，修正歪斜照片，调整照片色阶、亮度、色调、色相、饱和度、尺寸与分辨率大小等。Adobe Lightroom 软件可以在 RAW 格式照片文件上修改文物照片的白平衡、曝光值、对比度、亮度、色调、色相、饱和度等，还可以配合色卡配置文件校正文物照片色彩，使更加真实地展现文物原貌。

二、三维扫描

三维扫描是获取文物三维空间数据的重要手段。适用于文物三维数据获取的非接触式三维扫描仪根据扫描方式不同主要有结构光三维扫描仪和激光三维扫描仪两种。

结构光三维成像技术原理是，投影单元投射出黑白相间的灰度编码结构光栅到被扫描物体表面后由两台安装在不同角度上的摄像机同时摄取图像；规则的光栅图像受到物体表面高度的调制而发生变形，这样就可以通过相移和灰度编码技术的结合，解决两幅图像上空间点的对应问题，并通过两台摄像机的三角交会得到形体的三维坐标信息[1]（图 5-2）。

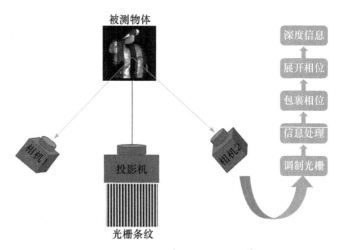

图 5-2　结构光三维成像原理图[2]

① 龙玺、钟约先、李仁举等：《结构光三维扫描测量的三维拼接技术》，《清华大学学报（自然科学版）》2002 年第 4 期。

② 刘佳畅、黄艳、贾亚青等：《现代光学三维扫描仪工作原理及技术现状综述》，《激光杂志》2023 年第 7 期。

三维激光扫描仪种类繁多，按测距原理不同可大致分为脉冲测距法、相位测距法、三角测距法三种类型。

脉冲测距法是通过测量发射和接收激光脉冲信号时间差来间接获取被测目标的距离。激光发射器向目标发射一束脉冲信号，经目标漫反射后到达接收系统，设测量距离为 S，光速为 c，测得激光信号往返传播的时间差为 Δt，则有：

$$S = \frac{1}{2}c\Delta t \qquad (5\text{-}1)$$

若忽略光速在大气中的微小变化，则影响测距精度的主要因素是时间差 Δt。脉冲法测量距离较远，测距精度较低，适合长距离目标测量。现在大多数三维激光扫描仪都应用这种测距方式，其主要在地形测绘、文物保护、"数字城市"建设、土木工程等方面有较好应用。

相位测距法原理是根据测量经过调制的激光光源其发射光与接收光之间的相位延迟，以完成对目标物体距离的测量。相位测距系统包括激光器、调制器、检相器、接收器等核心器件。设激光信号往返传播产生的相位差为 φ，脉冲频率为 f，则所测距离 S 为[1]：

$$S = \frac{c}{2}\left(\frac{\varphi}{2\pi f}\right) \qquad (5\text{-}2)$$

由公式（5-2）可知，这种测距方式是一种间接测距方式，通过检测发射和接收信号之间的相位差，获得被测目标的距离。此种扫描仪的测距小于 50m，每秒钟采样点数在 10000～50000 点，测距精度较高，适合近距离目标的精密测量[2]（图 5-3）。

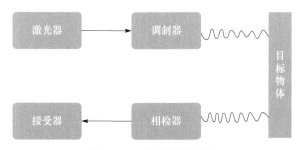

图 5-3　相位测距原理图

三角测距法原理利用平面三角形几何关系来求得扫描中心与目标物体表面之间的距离。激光光源和摄像机位于基线两端，并与目标物体表面反射点构成三角形平面。L 表示摄像头中心与激光器中心的距离，d 表示目标物体与激光器之间的距离，s 表示目标物体上的激光光点在摄像头感光元件上成像到一侧边缘的距离，β 表示激光器夹角，f 表示摄像头焦距。β、L、f 在测距设备安装后不再改变（固定）且数值已知。根据三角形相似原理知：

① 张启福、孙现申：《三维激光扫描仪测量方法与前景展望》，《北京测绘》2011 年第 1 期。
② 彭勇：《三维激光扫描技术在石质文物保护中的应用研究》，长安大学硕士学位论文，2015 年。

$$q = \frac{fL}{s} \tag{5-3}$$

则目标物体与激光器距离 d 可由如下公式求得：

$$d = \frac{q}{\sin\beta} \tag{5-4}$$

在式（5-4）中，由于摄像头中心与激光器中心距离 L 长度较小，因此三角测距法测量距离较短，适用于近距离和超近距离测量^①（图 5-4）。

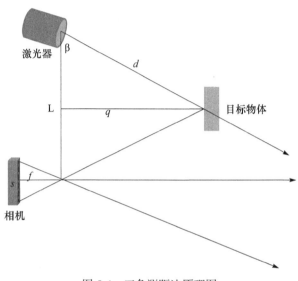

图 5-4　三角测距法原理图

激光三维扫描仪还可按扫描距离可分为长距离型、中距离型和近距离型激光扫描仪。按测量平台可分为地面固定型、手持式、车载型、机载型激光扫描仪。各种扫描仪在测程范围、扫描视场、扫描速率、测距精度、测角精度等方面各有特点。

文物三维扫描中根据扫描对象不同选择合适的三维扫描仪。古建筑、石窟寺、摩崖造像、壁画等大型不可移动文物整体扫描采用地面激光三维扫描仪。工作时扫描入射角一般大于 30°，点间距不大于 3mm。大型文物精细部件与小型文物应选择手持式或关节臂高精度三维扫描仪扫描，扫描点间距不大于 0.3mm。

第三节　文物数字化保护案例

一、案例 1：山东长清灵岩寺彩绘罗汉像数字化保护

项目名称：山东长清灵岩寺彩绘罗汉像数字化保护

———————————

① 李根、谢劲松、霍庆立等：《三维激光扫描系统测量方法与前景展望》，《机械工程师》2015 年第 9 期。

文物名称："牛呞比丘尊者"像

收藏机构：济南长清区灵岩寺文物管理委员会

保护机构：山东省文物保护修复与鉴定中心、山东大学文化遗产研究院

保护时间：2019 年

保护人：童永东、蔡友振、王传昌、马清林等

1. 前言

"牛呞比丘尊者"像一般被认为是明代塑像[①]，是山东灵岩寺千佛殿四十尊宋、明彩绘泥塑罗汉像其中之一（东边第六尊）。造像高 1636.3mm，宽 996.2mm，厚 702.8mm，造型高度写实，人体比例与真人相似，神情举止惟妙惟肖；衣着层次立体鲜明，衣纹流畅，褶皱翻飞；色彩鲜艳亮丽，装饰精美（图 5-5）。

图 5-5　"牛呞比丘尊者"像

彩绘造像三维几何形状与表面色彩纹理的数字化重建同样至关重要。以往建立文物高保真信息三维彩色模型一般采取"贴图"法来实现。以代表性贴图软件 Mudbox 为例，贴图时需在软件中不断手动调整模型和文物实拍照片位置，使照片中色彩纹理与模型相应位置重合。然后通过鼠标涂刷，实现色彩纹理在模型映射。操作过程中需要提前展开模型 UV 坐标，刷图时需要操作者耐心调整模型与实拍照片的位置，并需不断调整笔刷大小耐心涂刷。该建模过程步骤繁多，工作效率极低，纹理图容易出现颜色不一致和重影现象。此外因色彩纹理与模型位置匹配是由操作者手动调整实现，因此很难避免色彩纹理与模型的错位现象。

以"牛呞比丘尊者"像数字化保护[②]，采用一种高效的造像类文物高保真信息三维模型建模方法。该方法基于异源模型的相互配准和对齐，将三维扫描仪几何模型高精度尺寸信息和多视图三维重建模型高分辨率色彩纹理信息充分融合，实现文物高保真信息三维重建。

2. 材料和方法

1）硬件设备（图 5-6）

形创 Go!SCAN 20™ 手持式白光结构光三维扫描仪用于"牛呞比丘尊者"像高精度三维数据采集。测量速率：550000 次 / 秒；精度：0.1mm；体积精度：0.3mm/m；定

① 　周福森：《山东长清灵岩寺罗汉像的塑制年代及有关问题》，《文物》1984 年第 3 期。

② 　童永东、蔡友振、马清林：《造像类文物高保真信息三维建模方法研究》，《石窟与土遗址保护研究》2022 年第 1 卷第 1 期。

位方法：几何形状和 / 或颜色和 / 或定位目标点；景深：100mm。

尼康 D3X（镜头 AF-S Micro 60mm）用于牛呵比丘尊者像多视角高清纹理图像拍摄。两个专业柔光摄影灯（Broncolor softbox 100×100）在拍摄中提供均匀稳定的光线环境（色温 5500k）。爱色丽（X-Rite）24 色护照色卡用于多视角高清纹理图像色彩校正。

惠普 Z8 G4 工作站，配备惠普 DreamColor Z27 G2 Studio 显示器用于建模中的数据处理。工作站操作系统：Microsoft Windows 10 专业版（64 位）；CPU：Intel（R）Xeon（R）Gold 5122 CPU@3.60GHz（3592MHz）（2 处理器）；主板：HP81C7；内存：128.00GB（2666MHz）；主硬盘：510GB；显卡：NVIDIA Quadro P5000（16384MB）；声卡：Realtek High Definition Audio；网卡：Intel（R）Ethernet Connection（3）I219-LM。

图 5-6 "牛呵比丘尊者"像三维建模硬件设备
1. 三维扫描仪 2. 照相机 3. 工作站 4. 标准色卡 5. 光源

2）建模软件

Geomagic Studio（v 2015，16.1.2）与 Agisoft Metashape Professional（v 1.6.0）分别用于牛呵比丘尊者像高精度几何模型和高分辨率纹理模型建模。CloudCompare（v 2.11.3）用于异源模型的相互配准和对齐。ColorCheck（v 2.2.0）配合 Adobe photoshop Lightroom（v 5.7.0）用于牛呵比丘尊者像多视角纹理图像的色彩校正。

3）建模流程

a. 高精度三维几何模型建模

使用形创 Go!Scan 20 手持式白光结构光三维扫描仪，分 20 站获取牛呵比丘尊者像高精度三维数据（图 5-7）。原始数据储存大小 10.9GB，三角片面达 45993470 个。

图 5-7 三维扫描仪获取的"牛呞比丘尊者"像原始三维数据

　　Geomagic 中使用"对齐"栏中手动注册和全局注册工具两两拼合不同站点的扫描数据。首先在模型管理器同时选中需要拼合的两个三维数据，点击"对齐"→"手动注册"，对话框中"模式"选择 n 点注册，定义集合中"固定"选择第一个三维数据，"浮动"选择第二个三维数据；分别在两个数据重合区域选择 n 个相互对应的特征点 1、2、3、…，点击"注册器"→"确定"完成手动注册。

　　手动注册后需进一步运行全局注册以减小数据偏差。点击"对齐"→"全局注册"→"应用"，经计算机多次迭代运算完成全局注册，注册后数据标准偏差仅有0.49mm。

　　拼合后的数据在三维坐标系中实现了对齐，但仍是独立的两个数据，需要应用"合并"功能将两个数据合为一体。点击多边形栏中的"合并"，对话框设置栏中局部噪音减低选择最小值，勾选全局注册，最大偏差输入小于全局注册后的标准偏差值（0.49mm），最大迭代数输入 100，采样大小输入 100%，全局噪声减少选择自动，勾选保持原始数据和删除小组件；采样栏中最大三角形数输入大于两三维数据三角形总数的值；高级栏中勾选删除重叠。

　　设置完成后点击"确定"，待计算机迭代运行完成合并。

　　数据合并后运行多边形栏中的"网格医生"命令，以删除模型非流形边、自相交、高度折射边、钉状物、小组件等，并自动填充小孔。

　　模型上的内部孔和边界孔应用多边形栏中"填充单个孔"命令逐一填充。

　　模型局部不平滑区域应用多边形栏中平滑工具里的"松弛"和"减少噪声"命令来改善。选中需要平滑的区域，点击平滑工具栏中"减少噪声"，对话框中参数选择棱柱形（保守），平滑度水平调至最低，迭代次数 1～2 次，偏差限制输入小于或等于原始数据点间距值（0.5mm）。

　　局部平滑（减少噪声）后模型原本粗糙区域得到了明显改善，数据之间标准偏差仅有 0.02mm（图 5-8）。

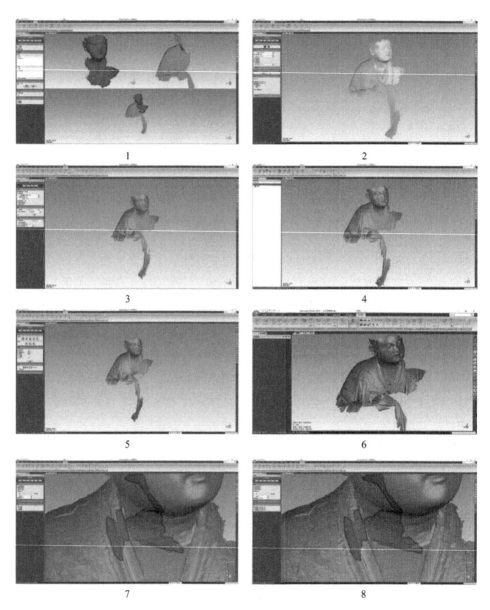

图 5-8　高精度几何模型建模流程图

1. 手动注册　2. 全局注册　3. 合并　4. 合并后　5. 网格医生　6. 填充孔　7. 局部平滑　8. 局部平滑后

　　依据以上步骤处理其他站点获取的三维数据，并将所有数据拼合成完整模型。根据需要再进一步执行网格医生、去噪、去除特征、局部平滑、填充孔洞、修补等一系列命令，建立牛㖞比丘尊者像完整高精度几何模型。几何模型由 21372084 个三角片面构成，原始点云数据点间距小于 0.5mm，模型表面积 3924848.8mm^2（图 5-9）。

图 5-9 "牛峒比丘尊者"像高精度几何模型图像
（上为正面，下为背面）

b. 高分辨率纹理模型建模

应用多视图三维重建技术（测量领域称之为近景摄影测量[①]），建立"牛峒比丘尊者"像高分辨率纹理模型。多视角图像拍摄时柔光箱提供均匀稳定的光线环境（色温 5500k），避免建模后模型纹理明暗不一。相机感光度（ISO）值应小于 200，保证纹理图像具有较高品质。相机光圈尽量调小，保证有足够景深，使纹理图像各区域尽可能都清晰。相邻图像重叠面积大于 2/3，确保图像对齐时可相互识别，总计拍摄了 700 张高分辨率多视角图像（图 5-10）。

建模前塑像多视角 RAW 格式图像与同一光照环境下拍摄的色卡图像一同导入 Lightroom 软件校正图像色彩，确保建模后模

图 5-10 多视角图像拍摄相机位置示意图

型色彩纹理得到高度还原。首先在 ColorCheck（版本 2.2.0）软件中打开色卡 dnp 格式图片，创建用于相机校正的 dcp 格式配置文件。Adobe photoshop Lightroom（v5.7.0）软件中导入色卡与塑像多视角 RAW 格式图像，选中色卡图像调整其色温（约 5500k）、

---

① 刘建国：《山西省万荣县寿圣寺塔的多视角影像三维重建》，《文物保护与考古科学》2017 年第 5 期。

曝光度、对比度等，镜头校正栏框选"启用配置文件校正"，相机校正栏选择上述 ColorCheck 软件创建的配置文件。选中所有图像"同步"处理后导出 jpg 格式，并保存至同一文件夹。

Agisoft Metashape Professional 建模软件"工作流程"中添加牛峒比丘尊者像多视角图像所在文件夹。依次经对齐照片（最高）→生成密集点云（中）→生成网格（中）→生成纹理（纹理映射）建立牛峒比丘尊者像高分辨率纹理模型（图 5-11；表 5-1）。

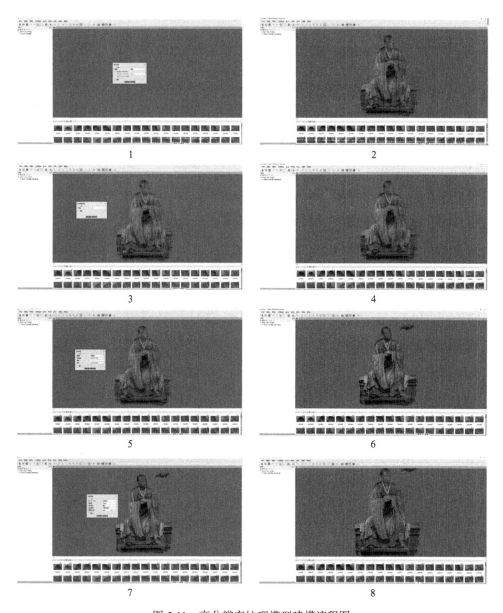

图 5-11　高分辨率纹理模型建模流程图
1. 对齐照片　2. 对齐照片后　3. 生成密集点云　4. 生成密集点云后　5. 生成网格
6. 生成网格后　7. 生成纹理　8. 生成纹理后

表 5-1　高分辨率纹理模型建模具体处理参数

项目	参数
一般	
相机	700
对齐相机	700
坐标系	局部坐标（m）
旋转角度	横倾，纵倾，横摆
点云	
点	4087718 of 4509349
均方根投影误差	0.0955977（0.543214pix）
最大投影误差	0.295244（16.2832pix）
平均关键点尺寸	4.68076pix
点颜色	3bandsuint8
平均联络点复合度	2.84543
对齐参数	
精度	最高
通用的预选	是
参考预选	无
关键点限制	110000
连接点限制	110000
引导图像匹配	无
自适应相机模型拟合	无
匹配时间	31 分钟 56 秒
校准时间	21 分钟 4 秒
深度图	
计数	699
质量	中
筛选模式	轻度
处理时间	15 分钟 33 秒
密集点云	
点	146155688
点颜色	3bandsuint8
深度图生成参数	
质量	中
筛选模式	轻度
处理时间	15 分钟 33 秒
密集点云生成时间	1 小时 18 分钟

续表

项目	参数
模型	
面	7239400
顶点	3643063
顶点颜色	3bandsuint8
纹理	8192×81924bandsuint8
贴图参数	
映射模式	通用
混合模式	镶嵌
纹理大小	8192
是否填充孔	是
是否启用重影过滤器	是
UV 映射时间	6 分钟 32 秒
混合时间	32 分钟 32 秒

"牛呞比丘尊者"像纹理图像清晰细腻，纹理展开图达 8192×8192 像素。由于塑像背部下方距离墙壁仅有 5～10cm，无法获取塑像背部图像，导致建模后纹理模型背部出现网格和纹理缺失（图 5-12）。

图 5-12 "牛呞比丘尊者"像高分辨率纹理模型图像
（上为正面，下为背面）

纹理模型骨架由 7238756 个三角形构成，从面部删除纹理后的图像可看出网格模型表面粗糙，局部数据噪点明显，其精细度低于三维扫描仪高精度几何模型（图 5-13）。

图 5-13 "牛呞比丘尊者"像高分辨率纹理模型删除纹理后的网格模型

c. 高保真信息三维模型重建

高精度几何模型具有空间尺寸信息，没有色彩纹理；而纹理模型具有高分辨率的色彩纹理，但没有与文物实体等大的空间尺寸信息。通过两种异源模型相互配准和对齐，将纹理模型的高分辨率纹理图映射至高精度几何模型，实现高分辨率纹理信息与高精度尺寸信息融合，建立塑像具有高保真信息的三维模型。通过 CloudCompare 软件实现异源模型的相互配准和对齐，具体建模流程如下：

CloudCompare 软件中同时打开①号高精度几何模型和②号高分辨率纹理模型。点击工具（Tools）→注册（Registration）→尺寸配准（Match scales），选择②号模型作为参照模型配准①号模型。

尺寸配准后，应用注册工具中点对齐（Align）功能进一步对齐①号模型。点对齐时分别在②号模型和尺寸配准后的①号模型上选择 3 个以上相互对应的特征点，对话框中需要勾选调整比例（Adjust scale）和自动更新图像大小（Auto update zoom）选项；点击对齐按钮即可完成两个模型的对齐。

导出并保存对齐后的③号模型。将③号模型导入②号纹理模型建模工程文件（Metashape）中替换原模型，并执行"生成纹理"。

导出并保存生成纹理后的④号模型。

CloudCompare 软件中将①号高精度几何模型作为参照模型配准④号彩色模型。

尺寸配准后再应用点对齐。

点对齐后应用注册工具中精细对齐（Fine registration）功能实现彩色模型与高精度几何模型的精细对齐。对话框中对齐模型（aligned）选择彩色模型，参照模型（reference）选择①号高精度几何模型，勾选均方根差异（RMS difference）和调整比例（adjust scale）选项。

点击 OK 按钮后计算机经多次迭代运算即可实现两模型的精细对齐。精细对齐后最终均方根值为 0.000545881，即精细对齐后的彩色模型与高精度几何模型在几何尺寸上近乎一致。导出并保存⑤号彩色高保真信息模型（图 5-14）。

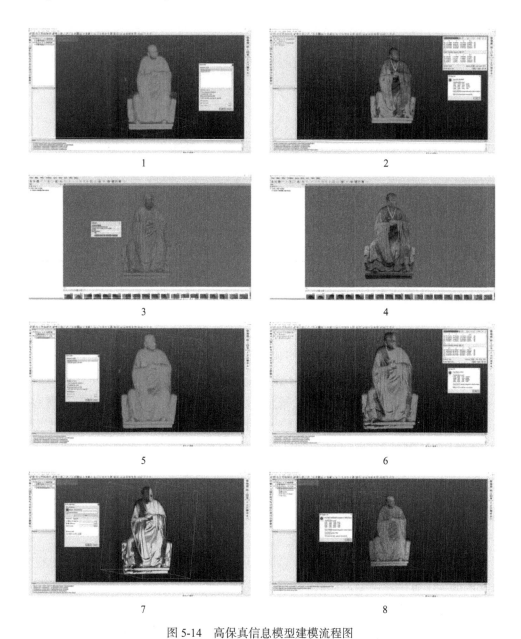

图 5-14　高保真信息模型建模流程图

1. ②号模型配准①号模型　2. 尺寸配准后点对齐　3. ③号模型导入纹理模型工程文件生成纹理
4. 生成纹理后的④号模型　5. ①号模型配准④号模型　6. 尺寸配准后点对齐
7. ⑤号模型与①号模型精细对齐　8. 精细对齐后

　　高保真信息模型相比纹理模型，塑像背部缺失的纹理和网格数据全部补全。Geomagic Studio 分析计算知，纹理模型当配准至与几何模型等大时表面积为 3296911.65mm²。高保真信息模型表面积 3924848.79mm²，有效纹理面积 3626046.78mm²，有效纹理面积相比纹理模型增加了 329135.14mm²。高保真信息模型由 21372084 个三角片面构成（同高精度几何模型），纹理展开图达 8192×8192 像素，从局部细节可看出纹理清晰，网格精细，实现了高精度几何模型精确尺寸信息与高分辨率纹理模型高清纹理信息的融合（图5-15～图5-17；图版四，1）。

图 5-15　"牛呵比丘尊者"像高保真信息模型图像
（上为正面，下为背面）

图 5-16　"牛呵比丘尊者"像高保真信息模型纹理展开图

图 5-17 "牛呵比丘尊者"像高保真信息模型图像

（左为局部细节图像，右为对应删除纹理后的网格模型图）

3. 小结

三维扫描仪获取的三维数据精度高、数据噪点小，所建几何模型具有高精度几何尺寸信息，但是没有纹理信息。多视图三维重建技术可高效建立具有高分辨率的纹理模型，但纹理模型没有与实物等大的空间几何尺寸信息，且数据噪点大，网格精度也明显低于三维扫描仪几何模型。通过异源模型相互配准和对齐可将纹理模型高分辨率纹理自动映射至高精度几何模型表面，实现高分辨率纹理信息与高精度几何信息融合。

二、案例 2：山东青州博物馆藏菩萨像色彩与纹理虚拟复原

项目名称：青州博物馆藏菩萨像色彩与纹理虚拟复原

文物名称：青州龙兴寺遗址出土菩萨像

收藏机构：青州市博物馆

保护机构：青州市博物馆

保护时间：2019 年

保护人：童永东、周麟麟、王瑞霞、马清林等

1. 前言

色彩与纹理是承载文物历史、艺术、科学价值的重要组成部分，反映文物在历史上不同时期的面貌和工艺技术。自然老化和环境因素通常会改变文物色彩与纹理，使人们很难目睹到其本初容貌。三维建模和计算机虚拟现实技术提供了复原文物初容的可能①。文物色彩与纹理虚拟复原是文物数字化保护成果虚拟展示的重要研究课题，其对于艺术史、考古学、文化遗产研究、虚拟展示、文化产业传播、文物数字化存档、文物复制品制作等方面都具有重要意义。本部分以青州龙兴寺遗址出土菩萨像色彩与纹理虚拟复原为案例介绍文物色彩与纹理虚拟复原的一般流程与方法。复原基于文献

---

① 童永东：《彩塑文物色彩与纹理虚拟复原研究——以山东灵岩寺彩绘达摩像为例》，北京科技大学博士学位论文，2022 年。

梳理、艺术风格研究、科学分析及模拟实验；应用三维建模、纹理映射等计算机技术来予以实现。

2. 复原流程

1）艺术风格研究

以青州博物馆馆藏实物为研究基础，参考相关文献考证相关文物形制。将菩萨像同时期、同地域出土文物的纹样对比，深层解读复原文物。应用考古学中"类型学"的方法将实物与文献、图像互证，立体释物与释古，充实色彩与纹理复原艺术风格上的依据。

2）彩绘材料与工艺分析

使用 3D 超景深显微镜、扫描电镜－能谱、X 射线衍射、激光拉曼光谱、傅里叶变换红外光谱、热裂解－气相色谱－质谱、X 射线探伤、分光光度计等仪器分析研究菩萨像彩绘层显微结构、颜料成分、颜料组成、颜料粒径、色彩信息、胶料成分、彩绘工艺等，为物理重建文物色彩与纹理提供坚实科学依据。

3）色彩与纹理物理重建

菩萨像色彩与纹理物理重建通过应用与塑像相同材料和工艺模拟绘制不同试样块来实现。绘制试样块时选择与菩萨像相近的石材或木板作为底材。取适量高岭土置于颜料碟，加入适量胶矾水，用刷子反复调和成稀糊状后均匀涂刷于木板表面为颜料层打底。因颗粒尺寸对矿物颜料彩绘后的色彩与纹理有明显影响，所以绘制模拟试样块前先依据前期菩萨像彩绘层分析研究结果制备相应粒度各色颜料。取大颗粒（40 目或 80 目）矿物颜料置于玛瑙研钵中研磨至一定粒径级别。超景深 3D 视频显微镜可以用以测量研磨后的颜料颗粒尺寸。待白色底层干透后涂刷颜料层。涂刷颜料层特别需要掌握好颜料与胶矾水的比例，糊状颜料不宜过稠，也不宜过稀；过稠不易摊开，也不能使表面平整光滑，颜料过稀遮盖不住白色底层，色彩饱和度也会减小（图 5-18）。

4）重建色彩纹理的采集与处理

使用数码单反相机在 5500k 均匀稳定光照环境下，拍摄采集制作完成的各色模拟样块色彩纹理信息，并导出 JPG 和 RAW 两种格式。在同一光线环境下，拍摄爱色丽（X-Rite）24 色标准色卡，用于校正图像色彩。为使各重建后的色彩与纹理信息最大程度真实、准确地还原在菩萨像三维模型上，需要对重建后的色彩纹理图像做校色处理（图 5-19）。

5）三维建模及色彩纹理映射

应用高精度三维激光扫描仪采集菩萨像三维点云数据。Geomagic 中经删除孤立点云并降噪→封装成三角网格模型→模型简化→修补破损和漏洞→去除特征→局部平滑→再次封装等操作建立菩萨像三维模型。

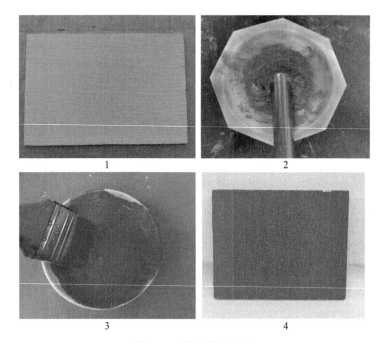

图 5-18　模拟样块制作
1. 表面打底　2. 研磨颜料　3. 胶矾水调和颜料　4. 涂刷颜料

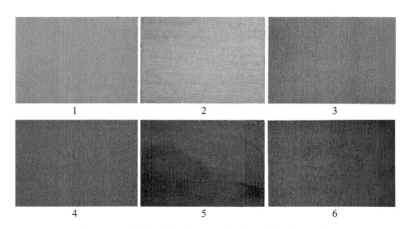

图 5-19　彩绘菩萨像重建后的部分色彩与纹理图像
1. 白垩＋铅丹　2. 金粉　3. 白垩＋铅丹（2）　4. 孔雀石　5. 青金石　6. 朱砂

Mudbox 2020 刷图软件用于菩萨像重建色彩与纹理的映射。具体操作如下：

软件中导入菩萨像已展开纹理的三维模型，材质预设选择石膏。

打开图像浏览器并打开重建后的不同色彩纹理图像所在文件夹，选中一张纹理图像设置为模板。

返回 3D 视图窗口，点击绘画工具中的"投影"按钮。

调整笔刷直径大小，按住鼠标左键在模型相应位置涂刷，重建后的色彩纹理即可投影至对象三维模型表面。

待一个区域映射完毕后更换纹理图像，调整模型位置涂刷其他位置。

精细涂刷不同纹理相接区域至模型所有区域映射上重建后的色彩纹理。

保存并导出复原后的 fbx 格式模型（图 5-20；图版四，2）。

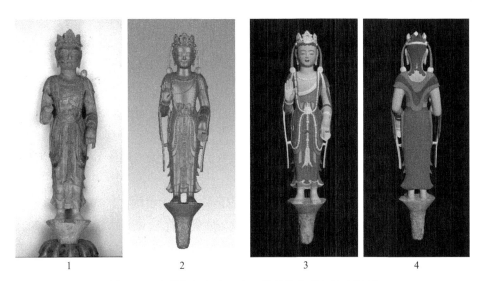

图 5-20　青州龙兴寺遗址出土菩萨像色彩与纹理复原

1. 菩萨现状照片　2. 菩萨三维模型正面照片　3. 色彩与纹理复原后正面图像　4. 色彩与纹理复原后背面图像

3. 小结

复原工作还原了彩绘层在老化、变色、起甲、脱落等病害发生之前的状态，使造像整个外部观感恢复到了其全新时的状态。复原后的塑像色彩鲜艳、亮丽，纹理质感逼真、自然，立体展现了菩萨像的原始面貌，极大拓展了造像展览的维度，丰富了文物数字化的成果。

三、结语

文物数字化保护是文物保护实践的重要内容，因其信息保存的永久性、可传播性、可复制性，文物展示与研究的多维性、便捷性、共享性、高效性、智能化、无损化等特点具有不可替代的重要意义。文物数字化保护主要包含文物三维数据获取、高精度三维建模、多视图三维重建、高保真信息三维重建、纹理映射的具体方法。提出的文物三维建模方法基于成熟的商用软件和硬件，数据采集和处理高效、操作简单，对于文物高效数字化存档具有实践借鉴意义。色彩与纹理虚拟复原是文物数字化保护的延伸，以综合科学分析为复原依据，通过模拟实验物理重建原始色彩与纹理，再以三维技术予以实现的文物原始色彩与纹理虚拟复原，极大拓展了文物展示维度，同时为艺术史、考古学、文化遗产传播、公众科普教育、文创产品制作等带来新视角或新材料。

思　考　题

1. 文物数字化保护包含哪些内容？
2. 文物数字信息采集有哪些技术方法？
3. 通过学习，你可否独立做一些简单的文物数字化保护方案？

延　伸　阅　读

郑宇、李玉敏、王泽昊等：《古建筑壁画数字化测绘技术规程》WW/T 0082-2017，2017 年。

刘建国：《考古现场多视角三维重建》，中国社会科学出版社，2019 年。

刁常宇：《有器之用：馆藏文物数字化采集与质量评价》，浙江大学出版社，2021 年。

参 考 文 献

1. 专著与译著

刁常宇：《有器之用：馆藏文物数字化采集与质量评价》，浙江大学出版社，2021年。

郭宏：《文物保存环境概论》，科学出版社，2001年。

郭宏、马清林：《馆藏壁画保护技术》，科学出版社，2011年。

国家文物局博物馆与社会文物司：《博物馆铁质文物保护技术手册》，文物出版社，2011年。

国家文物局博物馆与社会文物司：《博物馆青铜文物保护技术手册》，文物出版社，2014年。

柯以侃、董慧茹：《分析化学手册3B分子光谱分析》（第三版），化学工业出版社，2016年。

刘建国：《考古现场多视角三维重建》，中国社会科学出版社，2019年。

刘强：《石质文物保护》，科学出版社，2012年。

孙满利、王旭东、李最雄：《土遗址保护初论》，科学出版社，2010年。

孙淑云、韩汝玢、李秀辉：《中国古代金属材料显微组织图谱（有色金属卷）》，科学出版社，2011年。

杨璐、黄建华：《文物保存环境基础》，科学出版社，2015年。

中国大百科全书总编辑委员会《矿冶》编辑委员会：《中国大百科全书·矿冶》，中国大百科全书出版社，1984年。

中国文化遗产研究院：《中国文物保护与修复技术》，科学出版社，2009年。

纸质文物保护修复概论编写组：《纸质文物保护修复概论》，文物出版社，2019年。

〔荷〕阿比·范迪维尔等著，马清林、龙莎莎译：《戴珍珠耳环的少女——维米尔所用材料与技法的高技术解析》，科学出版社，2020年。

〔美〕大卫·斯考特著，马清林、潘路译：《艺术品中的铜和青铜：腐蚀产物·颜料·保护》，科学出版社，2012年。

〔美〕大卫·斯考特著，田兴玲、马清林译：《古代和历史时期金属制品金相学与显微结构》，科学出版社，2012年。

〔英〕蒂莫西·阿姆布罗斯、〔英〕克里斯平·佩恩著，王思怡、郭卉译：《博物馆基础》，江苏凤凰文艺出版社，2022年。

〔英〕加瑞·汤姆森著，国家文物局博物馆司、甘肃省文物局译：《博物馆环境》，科学出版社，2007 年。

〔加〕加拿大文物保护研究所、国际文物保护与修复研究中心著，中国博物馆协会编译：《文化遗产风险管理指南》，江苏凤凰文艺出版社，2022 年。

〔加〕南森·斯托洛著，宋燕、卢燕玲、黄晓宏等译：《博物馆藏品保护与展览——包装、运输、存储及环境考量》，科学出版社，2010 年。

2. 标准规范

方北松、魏颜飞、童隆泰等：《馆藏出土竹木漆器类文物保护修复方案编写规范》WW/T0008-2007，2007 年。

方北松、吴昊、林兆权：《馆藏出土竹木漆器类文物病害分类与图示》WW/T0003-2007，2007 年。

国际古迹遗址理事会中国国家委员会制定，中华人民共和国国家文物局推荐：《中国文物古迹保护准则》，2015 年。

李最雄、王旭东、谌文武等：《土遗址保护工程勘察规范》WW/T0040-2012，2012 年。

马宏林、马涛、王翀等：《可移动文物病害评估技术规程石质文物》WW/T0062-2014，2014 年。

马立治、成小林、胥谞等：《可移动文物病害评估技术规程金属类文物》WW/T0058-2014，2014 年。

马涛、齐洋、周伟强等：《石质文物保护修复方案编写规范》WW/T0007-2007，2007 年。

潘路、成小林、王建平等：《馆藏金属文物保护修复方案编写规范》WW/T0009-2007，2007 年。

苏伯民、陈港泉、王旭东等：《古代壁画病害与图示》GB/T30237-2013，2013 年。

苏伯民、于宗仁、陈港泉等：《可移动文物病害评估技术规程馆藏壁画类文物》WW/T0061-2014，2014 年。

汪万福、马赞峰、赵林毅等：《古代壁画保护修复方案编制规范》GB/T30236-2013，2013 年。

吴来明、黄河、徐方圆等：《馆藏文物预防性保护方案编写规范》WW/T0066-2015，2015 年。

吴顺清、方北松、张扬等：《可移动文物病害评估技术规程竹木漆器类文物》WW/T0060-2014，2014 年。

奚三彩、郑冬青、范陶峰等：《馆藏纸质文物保护修复方案编写规范》WW/T0025-2010，2010 年。

杨小林、李艳萍、马立治等：《馆藏青铜质和铁质文物病害与图示》GB/T30686-2014，2014年。

张金萍、陈潇俐、杨毅等：《馆藏纸质文物病害分类与图示》WW/T0026-2010，2010年。

郑宇、李玉敏、王泽昊等：《古建筑壁画数字化测绘技术规程》WW/T0082-2017，2017年。

周伟强、齐扬、马涛等：《馆藏砖石文物病害与图示》GB/T30688-2014，2014年。

后　记

本册教材由山东大学与北京化工大学教师联合国内博物馆和文物保护机构富有经验的相关人员共同编写完成。

参与编写人员具体工作如下：

第一章　绪论（北京化工大学马清林教授）

第二章　馆藏文物预防性保护

第五节　生物影响及检测（敦煌研究院李天晓馆员）

其余节由山东博物馆马瑞文副研究馆员完成。

第三章　文物分析测试技术（山东省文物保护修复与鉴定中心王云鹏副研究馆员）

第四章　文物保护实践

第一节　青铜文物保护（山东省文物保护修复与鉴定中心王雪凝馆员）

第二节　铁质文物保护（北京化工大学马清林教授）

第三节　壁画文物保护（山东大学李志敏助理研究员，案例由山东省文物保护修复与鉴定中心蔡友振研究馆员提供）

第四节　石质文物保护（山东大学李志敏助理研究员，案例由山东省文物保护修复与鉴定中心蔡友振研究馆员提供）

第五节　土遗址保护（山东大学徐树强副研究员）

第六节　纸质文物保护（北京停云馆文化投资有限公司刘亚昭馆员，案例中科学分析部分由山东大学龙莎莎博士生完成）

第七节　饱水木质文物保护（陕西科技大学张宏英讲师，案例中部分实验由山东大学王奕舒博士生完成）

第五章　文物数字化保护（重庆师范大学童永东讲师）

编著者

2024 年 11 月 1 日

1. 铜罍金相显微照片

（左：颈下部，右：分档处补铸；浸蚀后，200X）

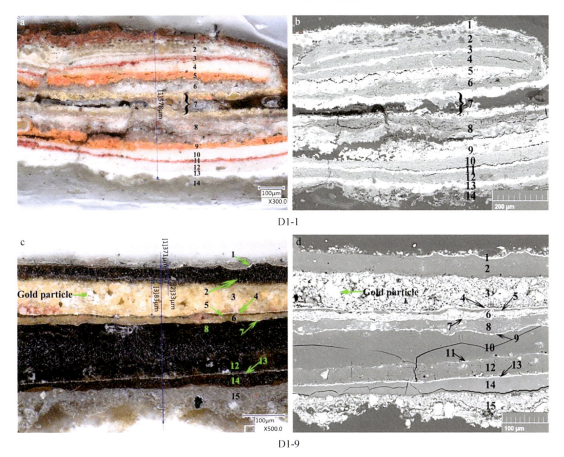

2. 灵岩寺千佛殿东第一尊达摩尊者罗汉像颜料样品D1-1、D1-9横截面超景深
显微镜照片与扫描电镜背散射像对照图

（左为同轴光源下的超景深显微镜照片，右为背散射像；图中阿拉伯数字序号依次为从
彩塑外表到胎体不同层的顺序）

图版二

1. 灵岩寺千佛殿东第一尊达摩尊者罗汉像修复前后照片

（左为修复前，右为修复后）

2. 灵岩寺石狮（面）清理

（左为清理前，右为清理后）

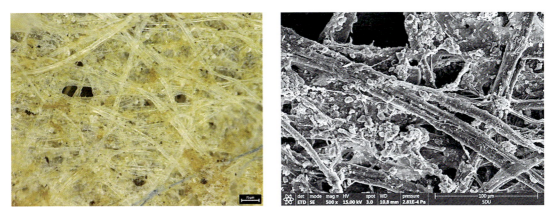

1. 武威市博物馆藏藏文《大藏经》纤维填料显微形貌图

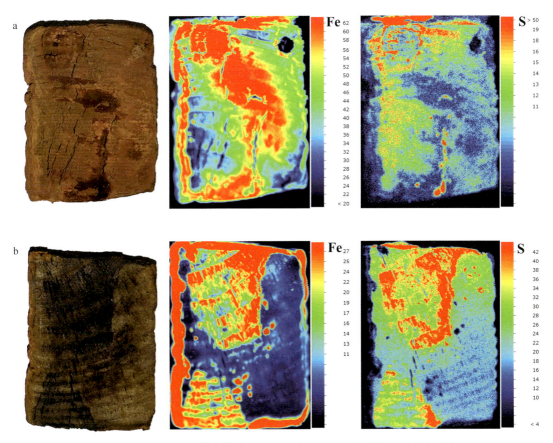

2. 南海Ⅰ号沉船出水散木样品K2NH-10中Fe和S元素的相对含量与分布

（上为样品外表面，下为样品内部横向切面）

1. 灵岩寺千佛殿"牛呞比丘尊者"像高保真信息模型图像
（左为局部细节图像，右为对应删除纹理后的网格模型图）

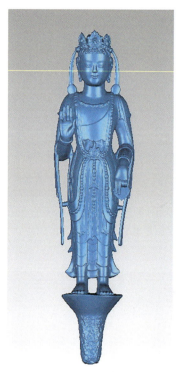

2. 青州龙兴寺遗址出土菩萨像色彩与纹理复原
（左：现状照片　中：三维模型　右：色彩与纹理复原后三维模型）